自然元素魔法系列1

WATER MAGIC

ELEMENTS OF WITCHCRAFT BOOK 1

水系魔法

關於愛、療癒、豐盛的魔法

莉莉絲・朵西 Lilith Dorsey 著　非語 譯

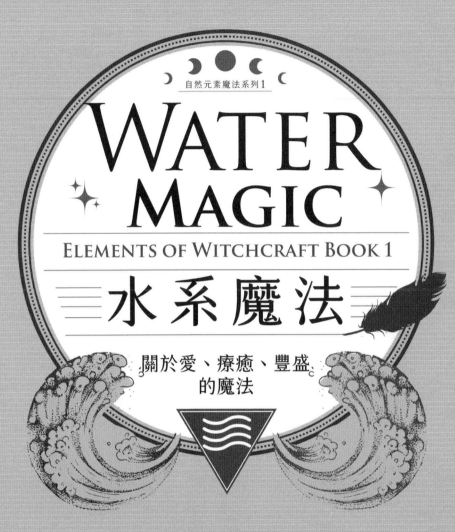

各方推薦

《水系魔法》是一本與水元素合作的優秀入門書，對於有經驗的修行者來說，它也是一本優秀的參考書，涵蓋最重要的事物，從神明到植物、神話與水相關聯的聖域。朵西的沐浴和洗滌法將會出現在我的配方書中。大力推薦。

——黛博拉．馬丁（Deborah J. Martin）
《綠色女巫的櫥櫃》（*A Green Witch's Cupboard*）作者

在這本增強力量的著作裡，莉莉絲．朵西讓水的魔法元素活躍重生。《水系魔法》深入探究，揭露這個難以捉摸的水元素的奧祕，以強而有力的洞見談論水元素的歷史和關聯。要期待可以得到這些書頁裡大量實務做法的啟發，包括能量水、神聖沐浴、夢境詮譯、神奇的地板清洗等許多用法。我大力推薦本書給試圖與水元素建立密切關係的任何人。

——艾絲翠．泰勒（Astrea Taylor）
《直覺巫術》（*Intuitive Witchcraft*）作者

這次了不起的深入探究元素魔法等於是為莉莉絲．朵西已然耀眼的書目增添光彩啊！透過植物、水晶、貝殼、神聖水域，《水系魔法》將會帶領你下潛至歷史和魔法的神祕深淵，帶著你安全地上岸，向你生命中的這股大自然力量致敬。莉莉絲讓全書充滿來自世界各地的故事，她描繪了水魔法美麗多樣的畫面，那將會使你大大敞開，迎向你曾經只敢想像的人們和地方。

——佩姬．范德貝克（Paige Vanderbeck）

《肥肥女權女巫播客》（*The Fat Feminist Witch Podcast*）主持人

暨《綠色巫術》（*Green Witchcraft*）作者

詩意而美麗，抒情而喚起人心，這本書讓我們一天邂逅許多次的水元素看起來新穎而迷人，宛如玫瑰花瓣上的第一滴露水……《水系魔法》是一本令人愉悅的手冊，記載了肯定是水元素的神話、魔法、雄偉的每一個要點。別讓這本書的大小愚弄了你。從製作配方和儀式，到傳說和魔法的屬性，水元素神聖且攸關生命，而這本小書則是水元素知識的發電廠。

——卡崔娜．芮斯博德（Katrina Rasbold）

《唸咒召喚術的轉折點》（*Crossroads of Conjure*）、

《能量魔法》（*Energy Magic*）、《神聖的巫術》（*The Sacred Art of Brujeria*）作者

太讚了！如果你是魔法修習者，期待深化你與水的連結，這就是適合你的著作。此外，本書也澈底探索水在種種傳統中的神奇效用，而且就實做水魔法而言，它是方便的參考指南，效用雙倍……我很愛這本書……莉莉絲探索了各種傳統和實務做法，而且在這個過程中，針對水魔法創作出這本終極之書。

——傑森・曼基（Jason Mankey）

《女巫的年輪》（*Witch's Wheel of the Year*）作者

目錄

第3部　水系魔法的應用與儀式

自然魔法系列緒論

魔法工作的基石

好幾世紀以來，透過許多祕傳的實務做法，元素們一直是魔法工作的基石。無論是占星學或現代巫術，這四大元素都在更廣大的多維靈性架構範圍內創造出邊界和結構。它們強調概念，使概念變得更加淺顯易懂。

確切地說，「土」（earth）是我們行走其上的地面，它是岩石、泥漿、山脈。「土」也是我們的身體以及今生的物質顯化，它是我們的中心和我們的穩定。

「火」（fire）是壁爐裡的火焰，它是蠟燭、營火、太陽。「火」既可以溫暖，也可以毀滅。它有力量轉化和煽動，它的火焰是我們的熱情和我們繼續前進的意志。

「水」（water）是來自天空的雨，它是人世間的海洋和湖泊、令人欣慰的沐浴、早晨的露水。「水」是我們的血液和汗水，以及我們的記憶，它統治我們的情緒，顯化成為眼淚。

「風」（air）在我們周圍，它是我們的呼吸、我們聽見的聲音、觸碰我們臉龐的風。

「風」攜帶種子和花粉、警告人的氣味和令人愉悅的氣味、文化的歌謠。「風」是我們的聲音、我們的念頭、我們的點子。

雖然每一種祕傳系統以不同的方式應用這些基本概念，但四大元素都在幫忙建構實務做法，逐漸產生對自我的更加理解。對現代女巫來說，四大元素往往表現在她們的魔法工具裡；舉例來說，高腳酒杯可能是水，五角星形可能是土。對信仰巫術的威卡派（Wicca）教徒來說，比較具體的是，四大元素幫忙升起魔法圈，讓保護區得到力量的加持。在塔羅牌中，四大元素流經數字牌的象徵性意象；而在占星學中，每一個元素由三個星座代表。對其他人來說，四大元素為每天的靜心、觀想、法術施作或生命功課提供靈性指引。有人可能會問道：「我需要什麼元素才能度過今天呢？」

本書是一套特殊書系的第一本，這套書系深入探討元素的象徵意義和魔法效用。每一本聚焦在一個元素，涵蓋與該元素相關聯的每一樣東西，從靈性聖域和神明，到實用的法術和儀式。對於想要將自己包裹在元素實務做法中的女巫來說，或是對於需要每一種元素資源的某人而言，本書和同一書系的姊妹作品，將會提供你需要的每一樣東西。

「巫術的元素」（Elements of Witchcraft）書系中的每一本著作，是由來自全球的四位不同作者所撰寫，這顯示，領略深奧莫測的四大元素涉及多麼的廣泛和深入，以及該如何讓那個概念為你自己的魔法和靈性需求運作。

加入我們，一起深入探索四大元素的魔法效用吧。

——海瑟・葛林（Heather Greene）

水、風、火、土四大元素魔法系列主編

作者序

神聖的水元素能量

「水」構成我們星球的大部分，也構成我們身體的大部分。水的力量是清新提神的、清潔淨化的、強健有力的、宏偉崇高的，就在我們身邊。人類需要水；沒有水，我們根本活不下去。人們可以沒有愛仍舊活得很愉快，但是沒有水卻不行。當檢視水在某個神聖背景中的角色時，這點尤其真實。

就實質上和比喻上而言，人類是出生在水中的。因為快樂地漂浮在羊膜囊之中，我們的起源是黑暗的至福。然後生命以大量的可能性開始，每一個人都航行在自己獨一無二的航道上。每一個水的顯化都可以揭露出它自己的魔法和奧祕。有好幾世紀以來一直被用於賜福和療癒的神聖水井；深沉而劇烈的海洋；容許通過和轉化的河流；雨水、瀑布、暴風雨、古代的冰構成的冰河——全都有它們自己特殊的能量和力量。

本書將會幫助我們發現一個人可以樂受和利用這些神聖水域的所有方法，它將會檢視從古至今水的神聖魔法，而且更重要的是水的歷史，甚至是許多水的故事。

水的力量無法仿效，它似乎很近，然而又很遠。剛開始撰寫本書時，我有點不解為什麼宇宙帶領我朝這個水的方向前進，我一直身兼數職——紐奧良巫毒女祭司、學者、電影製作人、奧里莎（Orisha，西非約魯巴人〔Yoruba〕對「神靈」的稱呼）信徒，甚至有時候是愛的女巫——但是認為我是水系女巫的人少之又少。在我的星象圖裡並沒有那麼多的水元素，而且老實說，我甚至不那麼喜歡游泳。然而，仔細深思，更多的訊息被揭露出來。許多紐奧良的巫毒宗教以密西西比河的「阿許」（ashe，神聖能量）為中心。不知多少次，我站在她的河岸上，獻上歌曲、舞蹈、祈禱、禮物，向她的強大魔法致敬。紐奧良的「靈」（spirit）們與密西西比河河水之間的連結，正是我的紀錄片《水體：巫毒身分與出神形態》（*Bodies of Water: Voodoo Identity and Tranceformation*）的主題，那是我在二〇〇五年卡崔娜颶風到來之前不久創作的作品。

我感覺與水的能量深深連結的另一方面是，我是奧湘（Oshun）奧里莎的信徒。在非洲傳統宗教中，奧湘代表河川的「阿許」（神聖能量），她被視為愛、婚姻、金錢、美、舞蹈等等的奧里莎。非洲傳統宗教，時常在他人只會看見巧合的地方看見特殊的重要性。這些圍繞著河水的神奇時刻，在我今生一直屢見不鮮。記得許多年前，我第一次在紐奧良參加聖約翰前夕（St. John's Eve）慶典。我起得很早（我時常早起），而且覺得需要在密西西比河畔留些祭品給奧湘。我匆匆忙忙地來到最近的露天市場，買了些柳橙和蜂蜜作為獻給她的祭品。我踏上河濱台階，往前走，準備將採買的物品留下來，品嚐著蜂蜜，同時將柳橙放在河水邊。當我開始唱歌和祈禱，有另外兩位修行人加入，一位是「雷格拉路庫米」（La Regla Lucumi，即「聖特利亞教」〔Santeria〕，譯註：「聖特利亞教」是十九世紀末在古巴發展起來的宗教，融合了西非傳統的約魯巴宗教、羅馬天主教基督教的形式、以及「唯靈論」）祭司，一位女子是該教信徒。我以前從沒見過這兩人，當我看見他們開始留下祭品且從河水接收賜福時，我感覺真正被奧湘親吻了。當天稍晚，我參加了在巫毒教神殿（Voodoo Spiritual Temple）舉行的聖約翰前夕慶典。隨後是一場為當地社群舉行的美麗典禮，於是我很榮幸從此開始今天仍舊過著的生活。

水可以幫助我們揭露事物，雖然有些事物是開心的，但其他事物使你想起當初它們為什麼被隱藏起來。我憶起遙遠過去的另一次，當時我已經去到河邊，將祭品留給奧湘。這次我是去拜訪維吉尼亞州的朋友，他剛好是一位「巴巴拉沃」（Babalawo），也就是「伊法」（Ifá，譯註：西非約魯巴人的宗教和占卜系統）祭司。他帶我去到當地的詹姆士河（James River），為的是留下祭品並與奧湘的神聖能量交流。我去的時候眼中含淚，心情沉重，沉思著當時浪漫關係中的麻煩。當我涉水進入河中，彎腰留下我的祭品時，我在腳邊發現了一條死魚。顯然，我甚至還沒有開口詢問，那些力量就回應了。在我的人生中，曾經有許多其他意義重大的時候，無論我是否喜歡真實的答案，水都回答了我的祈禱。

水在每一個層面與情緒相關聯，因此這些往往很難處理。它們可以像發怒的大雷雨一樣凶悍和激烈，或是像靜止的池塘一樣寧靜而溫和。接觸到一個人真實的情緒和感覺可能是十分棘手的，但是水的魔法可以幫助我們盡可能平靜而有效地做到這點。

當我開始撰寫本書時，感覺有點像在接近水。水的力量和魔法是令人敬畏的主題。老實說，我向外看，看遍各個地方、各種動物、等於是水的美，感覺到眼前這趟旅程有點嚇人。有些時候，撰寫水似乎像是一個關於人類生存的複雜難題，努力定義水的範圍。水是不斷變化的元素，沒有人真正知道它的深度，若要歸類，水是滑溜溜的東西。有許多個漫長而無眠的夜晚，但是隨著我的研究和決心，開始宛如為這些書頁增添光彩的瀑布與河川一樣流動，下筆就變得流暢許多。

我誠摯地希望，在這些書頁裡，你找到談論水系魔法的著作應該存在且需要存在的每一樣東西。希望水的崇高清明引導你踏上你的道路。

第1部

水系魔法的神話與歷史

1

貫穿古今和所有文化的水

沒有新鮮的水源，人類無法存活太久。自從有文明以來，人一直定居在水邊，有助於他們存活和興旺。許多這些有水的地點都已經發展成為大型城市，至今仍是人口眾多的中心。大馬士革可以說是世界上持續有人類居住的最古老城市。顯然，水決定這個地方的選址和特性。❶

當我們注意早期的神話和創世故事時，有一個明確的共通性——也就是，一切事物都是從水創造出來的。接下來則是來自許多不同傳統和宗教的故事和神奇用法，以實例闡明水對生命本身是多麼的重要。

古代的蘇美人

在古代的蘇美（**Sumeria**，譯註：在目前發現的西亞美索不達米亞文明中，蘇美是最早的文明體系），有一則回溯到大約西元前三千年的神話，說到具體化現原初海洋的女神娜姆（**Nammu**），她生出了地與天。《埃努瑪・埃利什》（*Enuma Elish*）是古代美索不達米亞的創世神話，說到眾男神和眾女神以及地球本身的誕生。雖然這本著作的確切撰寫日期不詳，但學者們將原文寫成的日期訂在西元前第九世紀或更早。❷《埃努瑪・埃利什》講述了世界的開始，當時地球上有的只是一漩渦的水。這水是由男神亞普素（**Apsu**）代表的淡水以及女神提阿瑪特（**Tiamat**）代表的苦澀鹹水構成。他們分開，然後又一起回來，創造陸地和生命。

註❶：Nasser O. Rabbat, “Damascus,” Encyclopedia Brittanica，最後修正時間：二〇一九年十一月二十八日，https://www.brittanica.com/place/Damascus。

註❷：King, *Enuma Elish*, LXXII。

回教徒

在伊斯蘭的傳統中，水被視為地球上一切生命的源頭和起源。《古蘭經》（*Quran*）說到，蒙福之水如雨水般落下，為莊稼施肥，幫助作物生長，甚至是水如何被視為阿拉的力量與莊嚴的象徵。

印度人

《梨俱吠陀》（*Rig Veda*）記載了印度的創世讚美詩，提到渾混之初，一切都是水。在傳統中，水不但有賜福的作用，也有淨化的作用。❸

美洲原住民

許多美洲原住民傳說，說世界開始的位置在水裡或水邊。

易洛魁聯盟

易洛魁聯盟（Iroquoise）是由六個部落構成，四千多年來，他們居住在紐約州西部與北美洲安大略省的土地上。易洛魁聯盟的創世故事開始於人類居住在高高的天空中，因為這個時候，土地還不存在。事情是這樣的，一位酋長的女兒生病了。大家不知道該怎麼治療，直到有一天，他們收到社群裡一位長者的忠告。長者告訴他們，他們需要深挖某一棵聖樹的根，才能找到解決方案。眾人們一起挖掘，直到挖出一個大坑。然而，就在他們剛剛完成這事的時候，那棵樹和酋長的女兒卻雙雙掉進坑裡，掉進下方的空間。

那個空間裡是一片巨大的海，住著兩隻天鵝。當女孩和那棵樹碰撞到海水時，一聲霹靂，雷鳴炸裂。兩隻天鵝頗為好奇，游過去一探究竟。牠們試圖拯救女孩，但卻不知道該如何拯救。為了找出該怎麼做，牠們求助於大海龜。萬物中最有智慧的大海龜解釋，這些從天空掉下來的禮物是個吉兆。牠對懂得聆聽的萬物解釋，他們需要找到那棵

註❸：Webster, Cowell, and Wilson, *Rig-Veda-Sanhith*, 44。

樹、樹的根以及附著在根上的泥土。大海龜告訴大家，有了這團泥土，大家就可以建造一座島嶼，讓酋長的女兒可以住在島上。世界上的生物們開始尋找，唯一成功找到的生物是蟾蜍。蟾蜍搜尋了海洋的深處，直到終於找到那棵樹為止。牠吞下一口土壤，然後回到海面上。當牠到達海面時，牠將那口泥土吐出來，接著便去世了。然後那口土壤開始擴散，因為它是有魔力的，不久便有一塊巨大的土地讓女孩可以居住。

不幸的是，這片土地裡的每一樣東西都非常黑暗。大海龜對此也有解決方案。牠要求所有正在挖掘的動物——地鼠、松鼠等等——開始挖掘天空中的坑洞，讓天空中的光下來。酋長的女兒接著成為這片新土地的一切事物的母親。有人說，當她從天空掉進海水裡時，她懷孕了。

奎查恩族

奎查恩（Quechan）族又稱尤馬（Yuma），是北美原住民，居住在科羅拉多河谷。奎查恩族的創世故事始於黑暗和水，因為渾沌之初，有的只是黑暗和水。那水是狂暴的，它創造了一個向上伸展的泡沫，於是創造了天空。從那水中，出現了造物主，是雙生靈，叫做巴克塔爾（Bakotahl）與科科馬特（Kokomaht）。據說巴克塔爾是邪惡的，而科科馬特是良善的。浮到水面的那趟旅程期間，科科馬特一直閉著眼睛。當巴克塔爾從水中上升時，他對他的雙生兄弟大吼，試圖查探他的兄弟在上升到水面期間，到底是一直睜著眼睛還是閉著眼睛。科科馬特知道他的雙生兄弟是邪惡的，所以他回答，他一直睜著眼睛。他的雙生兄弟採納了他的建議，但是在浮到水面期間一直睜著眼睛導致他失明。巴克塔爾的名字意思就是「盲人」。[4]

然後這對雙胞胎開始建立神聖的方向。科科馬特在水面上朝每一個方向走出四步，創造了北、南、東、西。接下來，巴克塔爾希望輪到他創造，於是開始創造人類。他開始用黏土創造人類，但是人類遭到嚴峻的挑戰，缺腳或缺手指頭。科科馬特嘲笑這些創作，決定親自完成這份工作。他很快地製作了一個十分完整的男人和一個十分完整的女人。這激怒了他的雙胞胎兄弟，於是送來暴風雨。科科馬特也很生氣，重踏雙腳——取決於一個人支持這則故事的哪一個版本——這次跺腳造成大地震動，要麼將巴克塔爾的創作送入海洋中，創作在海洋中變成了水鳥，要麼只是終結了暴風雨。不管怎樣，那些

註❹：Bierlein, *Parallel Myth*, ebook location 1134。

暴風雨留下了疾病和不適。科科馬特的人類不久開始成倍增長，填滿那塊土地，造就了人世間的所有種族，在這個新世界中，有一隻青蛙。這隻青蛙妒忌和憎恨科科馬特，不久便密謀害死科科馬特。這隻青蛙挖空科科馬特雙腳底下的土地，當科科馬特陷落下去時，青蛙偷走了他的氣息。科科馬特去世了，他最後的行為教導人們關於死亡的轉化。

納瓦霍族

納瓦霍（Navaho）是北美原住民的大族群之一。傳統上，他們一直居住在美國西南部的土地上，根據納瓦霍族的說法，人類今天居住的世界叫做「第五世界」。第一世界只包含一個男人、一個女人、一隻郊狼。這個世界相當黑暗，而且很小。所以他們很快地攀登進入第二世界，那裡有來自太陽和月亮的光。據說在這個世界中，太陽試圖與世界上的第一個女人交配。女人拒絕了，而郊狼建議他們向上行進到據說美麗又奇妙的第三世界。當他們到達第三世界時，迎接他們的是那裡的山地人。山地人警告他們有大水蛇（有些故事說是水獺）提霍爾擦蒂（Tieholtsodi）。警告郊狼某事等於就是要牠去完成那件事，因為那是郊狼的本性。郊狼動身，偷走了提霍爾擦蒂的孩子們，提霍爾擦蒂大怒，在各地送出了大洪水。東方的水是黑色的，南方的水是藍色的，西方的水是黃色的，北方的水是白色的。這許多顏色的水全都開始上升。

山地人來找第一個男人和第一個女人，詢問該如何應付這些洪水。他們答道，設法讓山脈長高，種植蘆葦，才能爬上去，有希望逃離洪水。第一個男人、第一個女人、以及所有其他人和動物們向上爬進蘆葦裡，直到蘆葦長得非常高，高到他們抵達第四世界。第一個到達第四世界的是蝗蟲。當蝗蟲抵達時，牠看見四隻鳥，顏色分別是黑、藍、黃、白。鳥兒們問蝗蟲，牠在那裡做什麼。牠們提出好幾項測驗，如果蝗蟲通過測驗，牠們就允許蝗蟲留下來。最後一項是揮動斧頭競賽，期間，牠們擊中蝗蟲的臉部，於是飛走了。洪水開始退去，除了南方的水。第一個男人和第一個女人被留下來，居住在一座小島上。他們生育繁殖，不久就有許多的男人和女人。

然而，郊狼還帶著提霍爾擦蒂的孩子們，而且因為這樣，洪水現在持續上升，淹沒了這個第四世界。再一次，大家把山脈堆高，種植了蘆葦；這一次，海狸爬上去，考察第五世界。牠說第五世界是潮濕的，而人們跟著來到第五世界，再一次，定居在大海中間的一座小島上。大家乞求郊狼將提霍爾擦蒂的孩子們還回去，郊狼照辦了。現在大家全都可以在這個第五世界裡展開自己的生活。他們做的第一件事情是，著手移除過多的水；據說為了排掉這些水，他們召喚惡靈，而且他們的請求得到了回應。水被排掉了，而且在這個過程中，科羅拉多河形成了。[5]

克里族

克里（Cree）族是北美大原住民部落之一。他們的土地包括從哈德遜灣與詹姆士灣（James Bay）東岸，向西遠達加拿大境內的艾伯塔（Alberta）和大奴湖（Great Slave Lake）。

有許多關於大洪水的神話。下述這一則來自克里族。一名男子聽說大洪水即將到來，所以他開始建造木筏。他才剛開始，大洪水便升起。他很快地與他的狗一起爬上木筏。洪水將木筏高高舉起，舉到樹木間。這時候，狗告訴牠的主人，如果想要活下去，就必須把牠扔到木筏外。男人很愛他的狗，不想這麼做，但是狗懇求說，那是唯一的方法，而且再次說道，牠的主人必須將牠扔進水裡，然後留在木筏上七天，直到水退去為止。雖然這麼做很困難，但是男子還是將狗扔了出去。

七天後，水開始消失。就在水幾乎全退去時，男子看見幾十個濕漉漉的人們正在求救。當他靠近他們時，發現他們是在洪水中死去的亡靈。

西非人

對於來自貝南（Benin）、奈及利亞以及西非其他部分的創世故事來說，相當清楚的是，根據世界大部分人的說法，地球和它的居民開始於水。

在奈及利亞的約魯巴傳統中，有許多神聖傳說和故事的不同變形，這在某種程度上，是因為持續一千多年一直是口耳相傳，知識從老師傳遞給學生，或是從父母傳遞給子女。對西非人的創世故事來說，情況也是如此。以下是約魯巴起源故事的一個版本，描述世界的開始。

一開始，地球是無形無狀的、水汪汪的，既不是海，也不是陸地。一位至高無上的存有，叫做奧羅倫（Olorun），居住在這一切上方的天空中。奧羅倫要求奧里莎恩拉（Nla）幫忙完成地球的創造。恩拉從一個裝滿泥土的蝸牛殼、一隻母雞、一隻鴿子開始。恩拉將一小塊泥土放好，於是那兩隻鳥開始扒抓，直到陸地和大海成形。變色龍檢

註❺：Bierlein, *Parallel Myth*, ebook location 1891。

查成果，回報給奧羅倫，說恩拉進展順利。第一塊造好的地方叫做「伊費」（Ilé Ifé，譯註：意為「愛之屋」）。❻

海地人

這則故事來自於近年來頗受歡迎的古代海地巫毒（Haitian Vodou，譯註：Vodou，又拼作 Voodoo、Voudou、Vodun，或法文 Vaudou）宗教。在海地巫毒教中，造物主大蛇丹巴拉・韋多（Damballa Wedo）和他的妻子阿依妲・韋多（Ayida Wedo）都與水有深度的連結。在他們最著名的故事中，來自非洲的古代靈性教誨被帶到美洲大陸。丹巴拉・韋多據說帶著靈性知識在海洋底下旅行，同時阿依妲・韋多悄悄滑過彩虹。他們在另一邊相遇，互相摻合，將神聖知識傳播到整個陸地。

日本人

以下內容奠基於大約西元七一二年寫成的《古事記》（*Kojiki*）。一開始，有一片渾沌的大海，所有元素均混合在一起。三位叫做「卡米」（kami，日語的「神」）的神性存有決定要建造一個世界。一開始，他們創造了許多男神和女神，其中兩位叫做「伊邪那美」（Izanami）和「伊邪那岐」（Izanagi），伊邪那岐被賦予一支有魔法的矛，幫助創造世界。他把矛插進渾沌之中，開始攪動渾沌。當他把矛拔出來時，矛在滴水。這些水滴有一部分滴下去，變成一座島嶼。

不久之後，伊邪那岐與伊邪那美結合，開始將事物誕生進入這個世界。他們創造了島嶼，第一座是「淤能碁呂島」。然後他們創造了日本諸島、山脈、瀑布以及許多其他東西。

伊邪那美（她的名字的意思是「邀請者」）接下來生了一個如火燃燒的靈（火之迦具土神），很不幸地燒到了她，害她病得非常嚴重。生病期間，她經常嘔吐，而她的嘔吐物轉化成為「金山毘古神」（Metal Mountain Prince）。她還因生病而有其他東西排出體外：她的糞便轉變成泥漿，她的尿液變成了淡水。然而，她的健康持續惡化。最終，

註❻：Bierlein, *Parallel Myth*, ebook location 893。

她沉入「黃泉之國」（Land of Night）。伊邪那岐尾隨她，乞求她返回陽間。她告訴伊邪那岐，她不能離開，因為她吃了陰間的食物，被困住了。當伊邪那岐終於看見她時，才明白她已經開始腐爛。伊邪那岐嚇壞了，拔腿就跑。伊邪那岐奔跑途中，扔掉了頭髮上的髮梳。髮梳碰撞到地面，變成了葡萄和竹子。一直追著伊邪那岐的夜靈停下來吃這些東西，於是伊邪那岐逃脫了。

伊邪那美很愛伊邪那岐，還是希望他回來。她派出八雷神以及黃泉國的戰士們，希望挽回伊邪那岐。然而，伊邪那岐逃脫了，短時間停在一座桃園裡休息。追他的人靠近時，他朝他們扔桃子（桃子據說可以驅走邪惡和負面性）。追兵快速離開，但是伊邪那美堅持。她放話給伊邪那岐，如果他不回來，她會一天殺一千個人。伊邪那岐的回應是，假使情況如此，他會一天生一千個嬰兒。說這段話是在解釋為什麼人們出生和死亡。然後伊邪那岐將伊邪那美封印在黃泉國，伊邪那美至今仍舊留在那裡。

經歷過這番嚴峻考驗之後，伊邪那岐據說在水裡沐浴，讓自己恢復精神。當他清洗左眼時，就生出了太陽女神「天照大神」（Amaterasu Omikam）。當他清洗右眼時，就生出了月神「月讀命」（Tsukiyomi-no-Mikoto）。最後，當他清洗鼻子時，就生出了風暴之神「素盞嗚尊」（Susano-O）。❼

猶太人

以下內容是來自《塔木德》（*Talmud*）的創世故事濃縮版。上帝決定要創造一個世界。上帝口中吐出的第一個字是「baruch」，意思是「蒙福的」（blessed）。第一天，上帝造了天與地、光明與黑暗、日與夜。上帝將一塊岩石扔進虛空之中，岩石就變成了地球。第二天，上帝創造了天使。第三天，上帝創造了植物和樹木，而且造了鐵，用來鍛造工具，可以切斷和駕馭這些植物。上帝也為亞當和夏娃創造了伊甸園。第四天，上帝造了太陽、月亮、星星。第五天，上帝造了大海的生物，包括巨大海獸利維坦（leviathan），以及天空中的生物。第六天，上帝造了陸地上的野獸，也造了人類。若干天使挺苦惱上帝會創造出其他存有，因此心生妒忌，上帝指著這些天使，於是他們就被火焰吞噬了。

註❼：De Veer, "Myth Sequences from the Kojiki"。

然後上帝派遣天使加百列（Gabriel）從地球的角落取些土壤過來，由此塑造了上帝的人類。加百列不久開始懷疑他的任務，因為地球讓他知道，人類最終將會毀滅上帝創造的美，因此上帝親自收集了一些泥土和黏土，造出了第一個男人亞當。就在上帝準備賜給祂的新生命靈魂時，薩麥爾（Samael，也就是撒旦）帶領的天使們再次發出怨言。上帝將他們逐出天國，派他們到地獄去。然後上帝一吹，將氣息吹進他的全新造物中。

據說亞當看見其他物種都有男性和女性，於是請求上帝為他打造一個伴侶。上帝於是用塵土創造出莉莉絲（Lilith）。當亞當試圖與莉莉絲做愛時，莉莉絲拒絕躺在亞當底下。她告訴亞當，他們倆都是用塵土做成的，她不會這樣屈從於亞當。憤怒中，她說出了上帝不可妄稱的名字，於是便消失了。據說她轉而活在惡魔之間。上帝再為亞當創造了另一個女人，取名叫夏娃。

基督徒

基督教的創世故事也強烈仰賴水，最有名的可以說是挪亞（Noah）與洪水的故事。在美索不達米亞、埃及、希臘、敘利亞、歐洲、印度、東亞、新幾內亞、中美洲、北美洲、馬來西亞、密克羅尼西亞、澳大利亞、南美洲的神話中，都可以找到大洪水的故事。[8]《欽定版聖經》說，上帝帶來了——

> 洪水泛濫在地上，毀滅天下；凡地上有血肉、有氣息的活物，無一不死……我要降雨在地上四十晝夜。[9]

儘管這是水的毀滅，這則故事也是希望的故事。挪亞被允許建造方舟，用每一種動物各兩隻填滿方舟，確保人類和動物在地球上延續下去。

「神聖的水」的概念就跟時間一樣古老。早期社會清楚地看見水攸關生死的重要性，因此視之為神性的顯化。隨著時間的推移，神聖的水開始被特別視為一份基督徒的賜福。一開始，基督教在已經帶有神祕意義的泉水和其他水體附近，建立神殿和神聖空

註❽：Finkel, *The Ark Before the Flood*, 84。

註❾：The Holy Bible (King James Version), Genesis 6-7。

間。早在西元第四世紀，就有報導神職人員將蒙福之水倒在精神病患身上，命令邪惡離開這人。

傳統上，當一個人想到聖水時，指的是已經由某位天主教神職人員賜福和聖化過的水。然而，聖水的功效不只局限在基督教教會。許多人可能會納悶，像聖水這樣的天主教支柱，如何或為什麼找到自己的路，進入傳統的胡毒教（Hoodoo，譯註：有別於Voodoo，巫毒是真正的宗教，有自己的儀式、領袖、教師等等，但胡毒不是宗教，沒有組織架構，由個人執行，有時候可以稱作赤腳醫生或赤腳療癒師）和巫術。好吧，魔法是足智多謀的，儘管多年來的偏見和壓制，魔法的實務做法卻存活下來且繁榮興旺。今天大部分的法術因為它們的力量而存在。簡單地說，如果法術無效，幹嘛不斷施咒作法呢？

基督徒用聖水洗禮，這個儀式引領信徒進入基督教信仰。它重溫耶穌在約旦河裡接受「施洗約翰」（John the Baptist）洗禮進入基督教。隨著時間的推移，聖水開始被用在不只是人們身上，也用在地方上。教宗格雷戈里一世（Pope Gregory I）在西元六〇一年告知以這種方式讓異教聖域（例如水井）皈依，建議「〔倒〕聖水到上述的寺廟上……它們可能會從敬拜惡魔轉變成敬拜真正的上帝。」一百多間寺廟據說以這種方式被轉化了。這很快導致人們用聖水滌淨自己的住家、動物、車子、船等等，這樣的做法今天仍舊盛行。天主教組織負責「全球關懷」（Global Concerns）的瑪利諾辦公室（Maryknoll Office）有好幾項外展服務計畫致力於水的正義與平等，而且在它的網站上聲明：「水是它自己的實相，是地球的一個維度，古老且賜予生命。藉由它自己存在的事實，它主張自己『存在的權利』。」他們接著繼續聲明，水是共同的利益，而且「就人們以及整個社群、人類、人類以外的其他生物的共同利益得到服務而言，公共的水資源管理是應負的責任。」[10]

水的科學理論

難怪世界許多文化認定生命的起源是直接連結到水的，許多科學理論也將地球上生命的起源定位在水。這些理論指向溫泉和潮汐池，說它們可能是地球上眾所周知的生命

註[10]："Water and the Community of Life," Maryknoll Office for Global Concerns，二〇一九年九月一日第一次存取，https:// maryknollogc.org/statements/water-and-community-life。

起源的地點。一個具體的假說是，生命開始於深海溫泉噴出口附近，有化學反應以及早期的生命形式在那裡茁壯成長。[11] 這發生在大約六億年前，實際的生命形式從海洋遷移到陸地發生在大約五億年前。[12]

偉大的思想家李奧納多・達文西據悉對水十分著迷。他相信水是真正的「大自然載具」，是世界的血液。在這個令人著迷的物質中，達文西也觀察到水自相矛盾的本質，他寫到：

水有時候是鋒利的，有時候是強健的，有時候酸，有時候苦，有時候甜，有時候厚或薄，有時候它被看見帶來傷痛或瘟疫，有時候賜予健康，有時候又是有毒的。它經歷改變，隨著流經不同的地方而轉變成許多不同的性質。而且就跟鏡子隨著主體的色彩改變一樣，水隨著地方的特性而變，變成有惡臭、有輕瀉作用、有澀味、含硫磺、有鹽分、被染紅、憂傷、肆虐、生氣、紅色、黃色、綠色、黑色、藍色、油膩、肥胖或苗條的。有時候它啟動一場大火災，有時候它熄滅一場大火災；它是溫暖，也是寒冷，帶走或安置、掏空或建立、拆毀或設立、填滿或倒空、把自己舉起來或向下挖掘、加速或靜止；它有時候是生或死，或是增加或減少的原因，有時候滋養，其他時候恰恰相反；有時候氣味刺鼻，有時候沒有氣味。有時候用大洪水泛濫淹沒山谷。
假以時日且有水陪伴，每一樣東西都會改變。[13]

他相當清楚地讓我們看見，水是真正自相矛盾的。

現代的玄祕主題

有許多現代的玄祕修習法，奠基於古代的實務和信念。就跟來自過去的傳說和主題一樣，這些多數聚焦在水元素。這可能是以許多種方式運用水，包括療癒、占卜或儀式。

註⓫：Martin, Baross, et al, “Hydrothermal Vents and the Origin of Life”。
註⓬：Douglas, *DNA Nanoscience*, 339。
註⓭：Bedau and Cleland, *The Nature of Life*, 331。

梅斯默與布拉瓦茨基

宗教與科學長久以來一直聚焦於水，而魔法也同樣如此。德國醫師弗蘭茲·梅斯默（Franz Mesmer，一七三四年至一八一五年）被世人認為在「動物磁性說」（mesmerism）的實務方面頗有功勞，這個學說據悉是現代催眠的先驅。梅斯默的許多工作聚焦在流動，包括宇宙裡的流動以及直接在個體上的流動。在梅斯默的生涯近末期時，他開始使用被磁化過的水作為病患的療癒方法。他創造了這個方法，用一顆大磁鐵、甚至只是簡單的手的波動。⓮

著名靈異人士「布拉瓦茨基夫人」（Madame Blavatsky，一八三一年至一八九一年），又名海倫娜·布拉瓦茨基（Helena Blavatsky），對水也非常有興趣，尤其是「原初大水」（primeval water），或她所說的「洪荒之水」（water of space）。她認為「洪荒之水」可以代表女性或宇宙母親能量。有一則有趣的故事，說她在印度時，單是將一只瓶子擺在裙子底下，瓶子便裝滿了水。在神智學（Theosophy）的傳統中（她是神智學的創立者之一），水據說可以顯化在三個不同的層面：原初的、宇宙的、化學的。⓯

泰勒瑪追隨者與水

在泰勒瑪（Thelema，譯註：泰勒瑪在古希臘被視為一個人的真實意志，現在則常被認為是衍生自西方神祕主義的社會性或靈性哲學，而且常被視為一種宗教）的道途內，水元素的儀式用法可能不像人們想像的那麼明顯，但是對平日的泰勒瑪追隨者（Thelemite）來說，水元素的儀式用法並非不重要。許多泰勒瑪追隨者都是執業的魔法師，要麼獨自表演，要麼團體表演，而且參加泰勒瑪的儀式和典禮。在泰勒瑪的萬神殿內，與水元素關係最為密切的神明是女神努特（Nuit）。在泰勒瑪極為倚仗的古代埃及宗教中，努特是掌管天空、星星、宇宙、母親、天文學以及整個宇宙的女神。

女神泰芙努特（Tefnuit，掌管濕氣、潮濕空氣、露水、雨水的神明）與男神舒（Shu，掌管空氣、風、和平、獅子的神明）結成配偶，生出天空，也就是神明努特。努特時常被描寫成是一位身上布滿星星的裸體女子，拱起在地球上方，而且被描述成頭上

註⑭：Amao, *Healing Without Medicine*, 1。

註⑮：Blavatsky, *The Secret Doctrine*, 68。

頂著水罐的形相。努特常被描繪在一具石棺的內蓋裡，為的是保護棺內的死者。墳墓的穹頂時常被漆成深藍色，代表這位星星女神。

《亡靈書》（*The Book of the Dead*）中寫道：

> 好啊！你是女神努特的西克莫無花果（Sycamore）樹啊！賜予我你裡面的水和空氣。我欣然接受在烏努（Unu）的那個王座，而且我守衛著「內科克的蛋」（Egg of Nekek-ur）。它繁榮興旺，我便繁榮興旺；它活著，我便活著；它使勁吸著空氣，我便使勁吸著空氣，我是說話是真理的歐西里斯．阿尼（Osiris Ani），我平安寧靜。⓰

雖然女神努特並不直接歸屬於水元素，但是按照推斷，水元素是由她的雙親傳遞下來的屬性。此外，努特據說生了神明奈芙蒂絲（Nephthys），她被視為掌管水與河川的女神。

談到比較日常的實務做法，魔法師每天執行五芒星和六芒星的儀式。在西方的神祕主義裡，五芒星（pentagram）的儀式是基本的訓練修習，與包含元素能量的「小宇宙」（microcosm）世界有關。五芒星本身代表五大元素的每一個。在「大五芒星儀式」

（Greater Ritual of the Pentagram）執行期間，施作者需要祈請代表相應元素的特定五芒星。以水為例，施作者站在西方，畫出「水」的五芒星，在代表「風」的五芒星點位開始，接著畫一條線到代表「水」的五芒星點位，然後畫到代表「土」的點位。

若要消除水的五芒星，施作者會從代表水的五芒星點位開始，畫一條線到代表風的點位，然後畫到代表火的點位。六芒星（hexagram）儀式與更廣大世界的「大宇宙」（macrocosm）有關。六芒星代表對立面的真正結合以及顯化的真正結合，兩個三角形代表六芒星；在六芒星的經典型式中，有一個頂點向上的紅色三角形，代表火元素，而頂點向下的藍色三角形，代表水元素。儘管泰勒瑪並沒有只包含水元素的特定儀式或做法，但水元素本身卻是生死攸關的，成為泰勒瑪追隨者習慣上會執行的許多儀式和典禮的一個元件和屬性。

* * * *

註16：Budge, *The Book of the Dead*, 109。

水與印第安泰諾文化

下述文章談論泰諾文化中的水元素，來自客座撰稿人米蓋爾．薩格（Miguel Sague）。

小米蓋爾．薩格（Miguel A. Sague Jr.，又名Sobaoko Koromo「黑排骨」）於一九五一年出生在古巴境內的聖地牙哥，位在古巴島以泰諾原住民歷史而聞名的東區。十歲的時候，他與家人一起移民到美國，定居在賓州東北方的城市伊利（Erie）。十九歲他的藝術學院生涯展開時，米蓋爾開始練習他的原住民祖先的薩滿傳統。一九七七年，米蓋爾與當地的美洲原住民青年合作，策劃了在伊利設立「美洲原住民日」（Native American Day）的活動。那年稍晚，他與新婚的原住民妻子搬到賓州匹茲堡，為的是成為「三條河美洲印第安中心理事會」（Council of Three Rivers American Indian Center）的員工，在該中心，他努力開發美洲原住民主題的教育課程。一九八一年，他與其他匹茲堡泰諾人合作，建立「卡內原住民靈性圈」（Caney Indigenous Spiritual Circle），這是一個薩滿社群，發揚古代泰諾族的靈性。到了二〇一五年，他撰寫了著作《卡諾阿：泰諾族與生俱來的夢之河旅程》（*Canoa: Taino Indigenous Dream River Journey*）。

我的人民，古代加勒比海島嶼區的泰諾族原住民，總是相信某一位女神，這位女神被視為幾乎等同於地球以及地球的水。這位神明的名字是「阿塔貝」（Atabey），她代表泰諾萬神殿至高無上的女性元素。阿塔貝是母親人格的典型代表，至高無上的男性神明尤卡胡（Yokahu，生命和能量的靈）的母親。她也被認為是一切創造的源頭，從她的子宮出現透過塵世的洞穴存在的一切。她以好幾種形相顯化，這些形相之一是被稱為「伊蒂巴．卡胡巴巴」（Itiba Cahubaba，意為「老母親的血液」）的存在體。Itiba 這個字源自於阿拉瓦克（Arawak）語，屬於祖傳的南美熱帶雨林地方語言，泰諾族語言就是由此傳遞下來的。Itiba 暗示湖泊之類的水體。

身為一切水體的母親，阿塔貝不只代表湖泊之類的表面水域，而且呈現出一種名為「瓜班塞克斯」（Guabancex）的不同顯化，在此，她等同於颶風之類狂暴且具毀滅性的自然現象。在那個顯化中，她命令兩位男性同伴：一位是瓜陶巴（Guabauba），另一位是寇特里斯基（Coatriskie）。瓜陶巴與雷聲相關，寇特里斯基代表聚集傾盆大雨且允許它以災難性大洪水的形式顯化的力道。

在泰諾族的宇宙論中，洞穴被認為是一切造物的起源地，通到神性子宮的導管。泰諾人的信念體認到，洞穴內部與通到一切起源的神聖陰間之間的親密關係。神聖陰間不只是母親子宮的起源地，而且也是神性的回收地點，在那裡，死去的一切返回，可以被改造，然後再送出去，送回到生存之中。這個神性回收中心被想像成有水的地下界域，那在許多方面都暗示一片原始的海洋，亡者的靈魂可以種種形式存在這裡，包括魚以及穴居蝙蝠。這個神性的陰間叫做「寇艾白」（Coaibai），而且被視為受尊敬的離世祖先們居住的界域。那些祖先的本質有能耐在一種輪迴的範型之內，被重新誕生成為新的人們，然而他們的原初本體永遠存在「寇艾白」之中。大水泛濫的陰間總是將自己顯化在加勒比海原住民的意識中，以大型滲穴（sinkhole）的意象，存在整個加勒比海域的若干地點。在基斯基亞（Kiskeya，多明尼加共和國境內），有一個特別有意義的地點，叫做「阿萊塔泉」（Manantial de la Aleta）。阿萊塔泉內有一座巨大的滲穴，底部有一座深水池。這個地方被我的泰諾族祖先們用作典禮和敬拜的地點。他們來到那裡獻上禮物給古代的列祖列宗，將珍貴的木雕、裝滿祭品的籃子、雕刻得美美的瓢子，扔進遠在下方的水裡。這些物品已經被穿著潛水衣探勘這個地點的現代研究人員發現和研究。這個地點暗示泰諾族宇宙論的視界。滲穴的垂直通道代表宇宙的中心軸樹，樹的根深藏在有水的陰間，樹枝高高在空中，樹幹隆起，穿過我們居住的地平面。

另一個證明原始洞穴的本體與水相關的方式是，事實上，溫和的再生指路者的靈，是一位人稱「波伊納耶爾」（Boinayel）的神明，他居住在傳說的洞穴中。波伊納耶爾等同於生死攸關的雨水，在春天潮濕的季節開始時，可以預測雨水會開始落下，為土地帶來繁殖力，也帶來開始在村落園林裡栽種賜予生命的食用作物的能力。這座據說有波伊納耶爾在裡面的洞穴，有一個有趣的名字：伊瓜納波伊納（Iguanaboia）。這個名字包含明顯的語言參照，提到爬蟲類的形態學（iguana 是大蜥蜴），而且已經等同於阿拉瓦克語的「棕色大蛇」一詞。古代的泰諾人被認為已經體認到偉大的「萬物之母」阿塔貝與大蛇之間的連結。我們的泰諾祖先繼承了對蛇的崇敬以及蛇與至高無上的母親神明之間有關聯，這來自於他們的南美雨林祖先，幾千年前，這些祖先最初從委瑞內拉和蓋亞那的奧里諾科河（Orinoco River）流域遷入加勒比海島嶼區。

南美洲森蚺（anaconda）是巨型大蟒蛇，棲息地包括湖泊和溪流，牠被奧里諾科河盆地的某些原住民們認為是一種神性。在至少兩個奧里諾科河流域部落的傳說中，原始的森蚺等同於母親的存在體，在其體內，人類的胚胎版本被孕育了且被帶到地球上。在那兩個部落的創世故事中，祖先們確實沿著奧里諾科河雨林區的水道前行，範圍在那位聖蛇的母親子宮內，直到他們最終被釋放進入地球的界域。在其中一則傳說中，他們以魚卵的形式沉積在河岸上，然後最終孵化成為第一批人類。應該要被記得的是，這處南美洲大陸奧里諾科河流域是發源地，泰諾族的祖先們由此乘獨木舟首度向外移居，來到加勒比海諸島嶼。在我的島居泰諾族祖先的創世故事中，有提到所有人類從一座叫做「卡西巴哈瓜」（Casibahagua）的巨大洞穴出現。這則故事暗示，經由「萬物之母」的祕密產道從萬物之母的子宮出生的概念，然後從泛濫、多水的寇艾白陰間出現在人世間。

在我們泰諾族祖先的傳統中，水被視為支持一切生命的基本元素。就那方面而言，古代原住民對水的感知，非常嚴密地反映出當今科學界對這個基本液體物質的性質有什麼看法。

——米蓋爾・薩格

****

水找到它自己的方法，進入地球上幾乎每一個文化的創世故事和神話。在某些創世故事和神話中，水一開始就在那裡，而在其他創世故事和神話中，有人警告它最後一定會在那裡。這些故事說到水的力量、美、至高無上的潛能。它們舉例說明存在水的深處的重要功課。因為這些文化的共通性，水的普世魔法變得清晰明確。

2

神話中的水獸與水鄉

水可以握有許多強大的奧祕和珍寶；有些這類東西以海怪和海中生物的形式出現。大部分這些生物是令人畏懼且比人類還大的，而且透過牠們講述水的危險和可怕的力量。傳統上，這些是經過時間考驗的故事，說給孩子和其他人聽，主要是要確保他們尊敬、小心、謹慎地對待身邊的水。

在本章中，你將會找到關於從阿什蕾（ashray，又名 asrai）到水寧芙（water nymph，譯註：nymph，希臘神話中的次要女神）的每一樣東西。有些水怪似乎來自某人最狂野的夢想，不然就是最糟糕的惡夢。本章後半則專門探討神話中的水鄉，主要談到已沉沒的城市，乃至失落的大陸，有機會好好檢視被埋葬在底下的東西。

神話中的水獸

阿什蕾（Ashrays）

這些蘇格蘭生物據說是半透明的，無法在陸地上生存。有些人相信他們是仙子（或「俊美族」（fair folk，因為他們偏愛這個稱呼）。他們呈現年輕男人或女人的外貌，生活在水中。此外，他們是完全晝伏夜出的，如果接觸到陽光，據說可以很快地溶化成一攤水。

貝克黑斯騰

bäckahästen 這個字，粗略翻譯是「溪馬」（brook horse）。[17] 這些神祕的馬來自德國和斯堪地那維亞傳統，據說居住在溪與河之中，誘惑路人進入水裡。

本耶普

本耶普（bunyip）是神話中的水怪，出現在澳洲原住民的故事中，相當嚇人。據說，牠的家建在澳洲的沼澤、小溪、河床、水坑。本耶普被描述成具侵略性，毛很長，非常喜愛人肉（尤其是年輕女人和小孩子的肉）。彷彿牠陰森的外貌還不夠似的，這隻嚇人的怪獸還被認為擁有莫大的神奇力量。在某些故事中，本耶普據說是地球上邪惡的本源。

切西

類似尼斯湖水怪，切西（Chessie）是海怪，據說住在美國的切薩皮克灣（Chesapeake Bay）。多年來有過好幾次目睹切西的報導，而在一九八二年，一對夫婦甚至用視頻捕捉到切西。據說很像大海蛇，背上有隆起。[18]

註[17]：Eason, *Fabulous Creatures*, 146。
註[18]：Boffey, "Chessie Back in the Swim Again"。

佛西格里姆

在斯堪地那維亞國家，有些人把「佛西格里姆」（Fossie Grim，也叫 Fossegrim）看作英俊的水精靈，據說他用悅耳的小提琴聲將人們引誘到某座有水的墳墓。其他人則支持，這是有裨益的能量，可以給予祝福。佛西格里姆據說是瀑布的一部分，瀑布是他們的神聖空間。他們的外貌化成金髮年輕人的形相，雙腳則合併成為瀑布基部的水泡。除了小提琴，他們據說擅長彈奏豎琴，而冀望精通豎琴的人們可以將祭品留在水邊。

滾帶落

滾帶落（grindylow）有長長、細細的手臂，長長、骨感的手指頭。據悉滾帶落用這些嚇人的四肢，將小孩子和其他人向下拉到水底深淵。牠們出現在來自英國蘭開夏和約克夏的神話和民間故事。就連大受歡迎的《哈利波特》系列故事裡也有一隻滾帶落，也因此將這個民間傳說的怪獸介紹給全新的一代。

馬頭魚尾怪

在希臘神話中，馬頭魚尾怪（**hippocamp**）是一種可怕的海中生物，有一個馬頭以及一條魚或海豚的尾巴。一隊馬頭魚尾怪據說有幸拉拽海神波賽頓（**Poseidon**）的戰車。

邪惡的珍妮

這個可怕的人物，從英國的民間故事和傳說來到我們面前。這個令人毛骨悚然的海鬼婆潛伏在湖泊和池塘底部，據說會拉著不疑有他的孩子，直到孩子死亡為止。有時候，她被看作是仙子，她的大部分故事起源於十九世紀。有些類似的故事講的是佩格．鮑勒（**Peg Powler**），她是綠皮膚的水女巫，也來自英格蘭和附近地區。有些人說，邪惡的珍妮（**Jenny Greenteeth**）尤其喜愛居住在浮萍覆蓋的湖泊。事實上，在某些地區，浮萍的俗名就是邪惡的珍妮。[19]

註[19]：Vickery, "Lemna Minor and Jenny Greenteeth"。

河童

河童出現在日本神話中，被視為水中的小妖精或吸血鬼。他們據說跟九或十歲的孩子一般大小，然而卻異常強健。有些河童的報導說，他們看起來有點像猴子。根據各種流傳的說法，他們是令人害怕的，而且占據湖泊、河川、溪流、海洋。河童據說會攻擊家畜和馬匹，從牠們的肛門吸血。假使你遇見河童，務必有禮貌、舉止得宜，獻上一根刻了你的名字的小黃瓜給牠，可能也有幫助。[20]

凱爾派

凱爾特（Celt）傳說的水馬叫做「凱爾派」（Kelpie）。牠們居住在淡水湖、河川、溪流附近，有能力選擇什麼時候變身就變身，就跟許多變形師一樣，牠們可以運用這個能力誘惑人類。不管怎樣，可以藉由牠們頭髮上的殘餘海草認出牠們。

克拉肯

克拉肯（kraken）來自冰島和挪威的陸地，牠是惡名昭彰的巨型章魚。最早看見這種海怪的時間可以追溯到十三世紀。從那時起，牠一直是文學作品和電影銀幕的明星。

克拉肯出現在赫爾曼・梅爾維爾（Herman Melville）、朱爾・凡爾納（Jules Verne）甚至洛夫克拉夫特（H. P. Lovecraft）的作品中。牠八成是最令人難忘的，因為一九八一年電影《諸神恩仇錄》（*Clash of the Titans*）中的台詞：「放掉海怪克拉肯（release the kraken）。」kraken這個字本身的意思是「不健康的動物」，當然名副其實，因為牠們全身覆蓋著觸手、尖刺、吸盤。[21]

一八五一年，在一封赫爾曼・梅爾維爾寫給納撒尼爾・霍桑（Nathaniel Hawthorne）的書信中，梅爾維爾寫到：

> 閣下，我們的成長何時完成啊？只要還有更多的事要做，就一事無成啊。所以，現在，且讓我們把《白鯨記》（*Moby Dick*）新增至我們的祝福，然後從那裡開始跨步。利維坦並不是最大的魚類；我還聽過克拉肯。[22]

註[20]：Eiichirô, "The 'Kappa' Legend"。

註[21]：Newton, *Hidden Animals*, 83。

註[22]：Parker, *Herman Melville*, 865。

利維坦

利維坦（Leviathan）是空前巨大的海蛇。牠出現在《聖經舊約》中，甚至在那之前，牠出現在美索不達米亞的神話中以及來自古代烏加里特（Ugarit，譯註：烏加里特是古代的國際港都，位於北敘利亞地中海沿岸，該城的興盛期約為西元前一四五〇至西元前一二〇〇年）的一首「迦南」（Canaan）詩中。利維坦時常被描寫成一條大蛇或水龍，但是在古代的匈牙利，也有傳說把牠描繪成鯨。人人都說，牠是怪物，因此是危險的野獸。《欽定版聖經》〈約伯書〉中說道：

你能用魚鉤釣上水怪（leviathan）麼？能用繩子壓下牠的舌頭麼……從牠口中發出燃著的燈，與飛迸的火花；從牠鼻孔冒出煙來，如燒開的鍋，煮開的釜。牠的氣點著煤炭，有火燄從牠口中而出。[23]

有些早期卡巴拉學家（Kabbalist，譯註：卡巴拉 Kabbalah 是與猶太哲學有關的思想，用來解釋永恆的造物主與有限的宇宙之間的關係）將利維坦和牠的配偶的故事，等同於撒麥爾與莉莉絲，八成是因為利維坦被描述成一條大蛇。

羅蕾萊

羅蕾萊（Lorelei）又拼做 Loreley，這個名字既是矗立在萊茵河上方的一塊礁石的名字，也是神話中大海精靈的名字。在某些故事中，她被稱為萊茵河的少女或女王，她可以被描述成慈眉善目或變化莫測，就跟萊茵河本身一樣。她最早出現在文獻中是在十八世紀中葉。她後來聲名大噪是在一八〇一年，當時德國作家布倫塔諾（Brentano）用他的《在萊茵河邊的巴哈拉赫城》（*Zu Bacharach am Rheine*）詳述了羅蕾萊的傳說。㉔

人魚族

人魚族（mermaids, mermen, merfolk）曾經存在了幾千年，他們是非洲、印尼、歐洲、澳洲、紐西蘭、亞洲、美洲的神聖故事和神話的要角。記錄這些最早期水中人類的某些證據可以回溯到西元前二〇〇〇年左右，與早期巴比倫人的「歐恩斯」（Oannes，譯

註㉓：The Holy Bible (King James Version), Job 41。
註㉔：Mustard, "Siren-Mermaid"。

註：巴比倫人的海神）有關。歐恩斯據說擁有完整的魚的身體，但也有人的頭顱和雙腳。在他與人類接觸的過程中，他給予人類偉大的知識，幫助人類建立住處以及採集食物和資源。據說他每夜返回大海睡覺。

最受歡迎的人魚故事之一，源自斯堪地那維亞或德國，叫做「艾格妮絲與人魚」（Agnes and the Merman）。故事原創的時間不詳，但其中有如下的句子：

艾格妮絲走上峭壁的邊緣，
一隻雄性人魚從深處一躍而上。——哈哈。[25]

艾格妮絲被這位人魚逮到，帶到水域之下，在那裡生了七個人魚兒子。一天，人魚同意讓艾格妮絲回到陸地上教堂，但是艾格妮絲沒有再回來。這則故事在哥本哈根以一系列雕塑名垂千古，叫做「艾格妮絲與人魚們」。

然而，最有名的人魚故事卻是《小美人魚》（*The Little Mermaid*），由安徒生於一八三七年寫成。內容取自早期的民間傳說和神話，例如「艾格妮絲與人魚」以及一八一一年由穆特・福開（Freidrich de la Motte Fouque）撰寫的「渦堤孩」（Undiné）。[26] 在《小美人魚》的故事中，小美人魚拯救了溺水的王子，將他安全地帶到陸地上。她很想要回到王子身邊，活在陸地上。為了完成這事，她必須與海女巫達成協議，交出她美妙的聲音。安徒生在這裡呈現出海女巫這個代表人物，說道：

> 海女巫的家坐落在奇怪的森林裡，周圍半植物、半動物的灌木叢環繞。它們看起來像蠕動的蛇，有好幾百顆頭顱以及黏滑、像蠕蟲一樣的手指。如果那些手指頭抓到什麼，它們絕不會放手。[27]

另一個條件是，為了保有她的靈魂（或是得到一個靈魂），她必須讓王子瘋狂地愛上她。小美人魚的努力是錯綜複雜的，而且大部分是徒勞的，因此她的人魚姊妹們慫恿她殺了王子。她無法這麼做，於是投身大海，在海裡，她被提升到永恆不朽的界域。

註㉕：Waugh, "The Folklore of the Merlolk"。

註㉖：Mortensen, "The Little Mermaid: Icon and Disneyfication"。

註㉗：Sarah Hines-Stephens, retold from Hans Christian Andersen, *The Littler Mermaid and Other Stories*, 19。

哥倫布報告說，他在一四九二年的旅程中看見美人魚，而在一六一四年，約翰．史密斯（John Smith）船長做過類似的報導。[28]據說蘇格蘭有美人魚從大海升起，告訴人們關於艾蒿（mugwort）等等的療癒力量。在爪哇，有美人魚女神羅勒．基都爾（Loro Kidul，又名 Nyai Roro Kidul），人稱無垠大海的新娘。大部分的神話說，這位女神出生便是被邪惡的後母或嫉妒的妻子詛咒的公主，因此得了痲瘋或另一種皮膚病。因為這個疾病，她逃進森林裡，在那裡，她聽見精靈的聲音告訴她說，如果她投身大海，就可以重拾從前的美貌。一旦身在大海中，她被提升到女王和女神的層級。據說綠色是她的顏色，而印尼境內的旅人都被告誡不要穿綠色，因為她可能會被召喚來，帶領旅人到大海跟她一起生活。當地的人們都非常尊敬她的遺產；事實上，在爪哇帕拉布漢拉圖（Pelabuhan Ratu）的薩穆德拉海灘飯店（Samudra Beach Hotel），甚至有一間為她永久保留的房間，該飯店的三〇八號房是為她永久保留的，用她最愛的綠色和金色裝潢，滿是茉莉花香。如果你想要親自看看這間房間，飯店開放這間房間供獲准來賓靜心冥想。

在我的家鄉紐約布魯克林，任何地方都有的「美人魚遊行」（Mermaid Parade）八成是最有名的美人魚展。幾千人穿著他們最漂亮的人魚裝，遊行穿過康尼島（Coney Island）海灘附近的街道。它允許人們炫耀他們來自大海且潮濕而狂野的真諦。

水澤仙女、寧芙、小精靈

在希臘和羅馬神話中，我們找到水澤仙女（naiad）、寧芙（nymph）、小精靈（sprite）的參考文獻。他們被視為其他世界的存有，特別與有水的場所（例如噴泉、水井、溪流）相關聯。不過，在陸地或水中都可以找到寧芙。

海仙女

海仙女（Nereids）是海寧芙，在文學和神話中化為不朽。她們據說是涅柔斯（Nereus）與朵勒絲（Doris）的五十個女兒，而且在希臘歷史的宗教思想中是很重要的構成要素。海仙女早在西元前四世紀就出現在藝術之中，經常被表現成騎著海豚之類的海中生物。有些理論家，例如巴林傑（Barringer），假定海仙女是作為旅程的隱喻，尤其是婚姻和死亡的旅程。[29]

註[28]：Banse, "Mermaids"。

註[29]：Barringer, "Europa and the Nereids: Wedding or Funeral?"

尼斯湖水怪

尼斯湖水怪（Nessie 或 Loch Ness Monste）可以說是最惡名昭彰的海中生物。儘管證據不足，但是曾經有一千多次目擊這隻水中生物居住在蘇格蘭的尼斯湖（Loch Ness）裡。有些人相信，尼斯湖水怪是鰻魚或某種史前爬蟲類。

露莎卡

露莎卡（Rusalka）是透過斯拉夫神話來到我們面前的女鬼。她們通常是水之少女，類似海妖和美人魚，目標是把人逼到水裡溺死。

蓆拉

蓆拉（Scylla）這個字用來描述一種神話的生物，也用來描述這種生物居住的地點。那個地方通常被認為是狹窄的美西納（Messina）海峽，介於卡拉布里亞（Calabria）與西西里（Sicily）之間。海峽另一邊據說居住著危險的野獸卡律布狄斯（Charybdis）。「介於蓆拉與卡律布狄斯之間」[30] 的說法來自這些故事，意謂著一個人困陷在兩個非常困難的危險之間。根據某些人的說法，被描述成犬科野獸的蓆拉是赫卡特（Hecate）

的女兒。在阿波羅多洛斯（Apollodorus）、阿波羅尼厄斯（Apollonius）、奧維德（Ovid）、荷馬的古典文學裡都描述過她。在奧維德筆下，蓆拉是被某位善妒的對手毒殺在海裡的水寧芙。這次毒殺造成蓆拉陰森的轉化。在古典藝術中，畫家特納（J. M. W. Turner）、約翰・威廉・瓦特豪斯（John William Waterhouse）、阿戈斯蒂諾・卡拉齊（Agostino Carracci）等等，都描述過蓆拉。

賽爾基

賽爾基（Selkie）是凱爾特神話最受歡迎的存有之一。他們是許多民間故事、書籍、遊戲甚至某些影片的要角，賽爾基是變形師，最常呈現海豹的形相。他們據說居住在水下的洞穴，在奧克尼群島（Orkney Islands）和雪特蘭群島（Shetland Islands）周圍的水域。賽爾基跟本書中描述的許多生物不一樣，他們被認為是有裨益的存有，在與人

註30："Between Scylla and Charybdis," *Encyclopedia Britannica*，最後修正二〇一九年六月十日，https://www.britannica.com/topic/Scylla-and-Charybdis。

類互動的過程中是有幫助的。有些傳說聲明，他們是溺斃者的靈魂，而其他人則將他們視為從天國墜落的天使，但是太純淨，不適合地獄。賽爾基據說可以選擇人類作情人。哭泣同時掉七滴眼淚到大海裡被認為是呼喚他們的一種方式，如果賽爾基找到愛，他們往往做出拋棄海豹皮的決定，然後住在陸地上。

女海妖

在海上可以聽見一首醉人的歌曲，它是女海妖（siren）之歌。但是這些生物到底是什麼呢？取決於她們被發現的地點和時間，女海妖可以是人類或其他世界的生物；她們可能會引誘你，導致你的死亡，或是給予你得永生的甜美之吻。

這些女海妖的故事和目擊事件出現在世界各地。在中美洲和南美洲，「哭泣的女人」叫做「拉羅若娜」（La Llorona），偶爾也出現在水面上。尤其在墨西哥，有一則女人的故事，說她的孩子溺死在湖泊裡，而現在她出現在那座湖泊裡，引誘戀人們走向她，然後邊笑邊雙雙沉入水裡，去到致命的深淵。

最早期的女海妖藝術代表之一，是收藏在大英博物館的「女海妖花瓶」〈Siren Vase〉。這只希臘花瓶可以追溯至大約西元前四八〇年，描繪奧德修斯（Odysseus）的船經過眾海妖。這些海妖是有翅膀的生靈，有女性的頭顱。

十三世紀時，諾曼第文員威廉（Guillaume le Clerc de Normandie）在他的《幻獸誌與寶石匠》（*Bestiaries and Lapidaries*）之中寫到這些生靈：

> 女海妖是模樣古怪的妖怪，因為腰部以上，它是世界上最美麗的東西，形成女人的樣子，身體的其餘部分卻像魚或鳥。她的歌聲如此甜蜜和優美，凡是在海上航行的人們，一聽到那歌聲，就無法不朝她駛去。那音樂令人陶醉出神，他們在船上睡著了，於是喊都沒喊，便被女海妖殺死了。[31]

泰坦

根據希臘神話的說法，在眾神們存在之前，泰坦（Titan）們就是神了。一切造物全都歸功於他們。泰坦由六個姊妹和六個兄弟組成，姊妹們叫做希婭（Thea）、麗

註[31]：Warner, *The Library of the World's Best Literature*。

娅（Rhea）、賽彌絲（Themis）、恩涅摩希妮（Mnemosyne）、菲比（Phoebe）、泰希絲（Tethys），兄弟們叫做歐開諾斯（Oceanus，淡水男神）、基厄斯（Coeus）、伊珀里翁（Hyperion）、伊阿珀托斯（Iapetus）、克里厄斯（Crius）、克洛諾斯（Cronus），他們是天與地的子女。在這些眾神之中，有兩位（即：菲比與賽彌絲）據說擁有預言的天賦，被認為是神諭。

安瑟姬拉

這條有角的水蛇來自印第安拉科塔族（Lakota）神話。據說她是巨大的，有亮晶晶的鱗片、斑點，以及背上一路閃閃發光的冠毛。直視這條蛇據說會導致失明，最終死亡。一則有關水的故事說道，她從原初之水升起，使陸地泛濫成災，雷鳥（Thunderbird）採取行動，報復這場毀滅，牠召集有閃電的大風暴，使大水乾涸，將安瑟姬拉（Uncegila）送上死路。

佛地艾諾伊

佛地艾諾伊（Vodianoi）據說是有綠鬍鬚的老男人，全身覆蓋著毛髮、鱗片、黏液。佛地艾諾伊源自斯拉夫，他們據說住在水面下的沉船內。

神話中的水鄉

水是威力非常強大的，也難怪有許多與神話有關的地方與水元素有複雜的連結。有神奇的療癒小島，以及沉沒的城市，乃至水面下的大陸。個個內含自己的魔法、傳說、深度奧祕。

亞特蘭提斯

這個著名失落文明的起源，可以追溯到柏拉圖以及他寫成於西元前三六〇年左右的對話錄《蒂邁歐篇》（*Timaeus*）和《克里底亞篇》（*Critias*）。這座城市據說是一處樂園，滿是精巧的建築物，地質寶藏、珍奇的植物群和動物群。那裡的社會變得貪婪而腐敗，眾神們送來一場場猛烈的大火和地震，那之後，它沉入大海的深處。雖然現在並沒有權威的科學家相信這個地方確實存在過，但它確實充當一則煞費苦心的警世寓言，告訴人們，如果太過失控，可能會發生什麼事。在柏拉圖的作品中，亞特蘭提斯被看作是雅典的對照，當時的雅典城據說是用謙遜、邏輯、科學統治的。

阿瓦隆

阿瓦隆（Avalon）據說是「湖中妖女」（Lady of the Lake）的家，曾經為凱爾特神話增添了好幾世紀的光彩。第一位在文學中提到這座神話島的，是蒙茅斯的傑佛瑞（Geoffrey of Monmouth）在他的《不列顛諸王史》（*Historia Regum Britanniae*，又名History of the Kings of Britain）之中，成書年代可以追溯到西元一一三六年。阿瓦隆又名「蘋果島」（the Isle of Apples）或「玻璃島」（the Isle of Glass）。這個地點據說擁有莫大的療癒力量。住在那裡的人們，壽命十分長，而且時間在這個地方據說是以不同的方式運作。它與死者有特殊的連結，據說也是傳奇的摩根勒菲（Morgan le Fay，譯註：亞瑟王傳奇中的邪惡女巫）的家。有些學者認為，「玻璃島」這個名字可能是依據英格蘭境內的真實地點「格拉斯頓柏立」（Glastonbury）。

列穆尼亞

這座沉沒的大陸，最初是在一八六四年因為英國動物學家菲利普・斯克萊特（Philip L. Sclater）而得名。斯克萊特用這個字來描述他想像與非洲、亞洲、馬達加斯加地區相連的沉沒陸塊。斯克萊特提議，列穆尼亞（Lemuria）要為散布在這整個地區的外來動物物種負責，例如狐猴。然而，其他學者則指出，列穆尼亞之名源自羅馬「列穆勒斯」（Lemures）節，列穆勒斯節是古代為亡靈舉辦的節慶。這些死者是令人生畏的，據說會吞噬生者的靈魂。列穆勒斯節在五月九、十一、十三日，節慶的宗旨是要將負面能量扔出去。

現代的新時代和玄祕修習法，祭起了這個地點的旗幟，大聲疾呼它是許多古代知識和資訊的源頭。對他們來說，這地方是烏托邦，有豐富的動物、植物、神聖智慧。許多人相信，這是跟「姆大陸」（Mu）、乃至亞特蘭提斯同樣傳奇的地點。那裡的人們據說擁有非凡的心靈力量和能力。這些信念延續到使用特殊的列穆尼亞石英晶體，又名「列穆尼亞種子水晶」或「星星種子」，它們被視為能夠傳授古代列穆尼亞人的知識，也可以用來接通更高界域，以及重新校正和重新平衡脈輪。

關於列穆尼亞這個「失落的大陸」，有趣的是，最近科學家——包括南非金山大學（University of Whitwatersrand）的路易士・艾許瓦爾（Lewis Ashwal）教授，找到了一塊大陸大約在同一地點的證據。這個火山熔岩覆蓋的陸塊，被發現在人氣鼎盛的模里西斯島底下，因此被命名為「模里夏」（Mauritia）。[32]

水在許多方面代表未知。它可以是充滿神奇的生物乃至神話中的地方。個人可以留下來，追逐尼斯湖水怪之類的水龍，或是搜尋列穆尼亞之類失落的地方。這個水的未知是閾限的空間，一個介於兩者之間的地方，在那裡，事物並不總是它們看起來的樣子。

註32：Wits University, "Researchers confirm the existence of a 'lost continent' under Mauritius," https://phys.org/news/2017-01-lost-continent-mauritius.html。

3

只要有水，就有水神

有許多神明將各種不同形式的水都劃歸他們的領地。神明為湖泊、溪流、水井、河川、海洋，以及介於其間的水的每一種顯化而存在。他們的對應能量可以是熱的或冷的、有蒸氣的乃至神奇夢幻的。有些神明屬於某個有水的特定地點，例如「水媽咪」（Mami Wata）等其他神明，則代表水本身的神聖能量。

水女神、神明、奧里莎

就跟水本身一樣，水女神、神明、奧里莎為世界的每一個角落增添光彩。對許多人來說，關於水，有某種天生的女性特質。這些屬於水的神聖女子來自世界的每一個部分。每一個都有其特殊的本性，而我將在這裡全力以赴，檢視她們的神聖的水的力量。

阿布諾巴

阿布諾巴（Abnoba）有許多為人所知的名字：Avnova、Dianae Abnobae、Dea Abnoba、Abna、Abnova。她是水女神，領域是流經德國境內黑森林區的神聖水域。歷史上，這裡曾被視為擁有莫大魔法和奧祕的地方。我曾經造訪那裡，完全同意這個說法。有些人說，她的名字的起源可能類似於「雅芳」（Avon）這個字，兩者的意思都是「河流」。

安柏芮拉

安柏芮拉（Amberella）來自立陶宛，是海洋女神。她將來自大海的琥珀禮物賜給向她致敬的人們，據說可以幫忙解決愛、生育能力、金錢的課題。

安菲特里忒

安菲特里忒（Amphitrite）是希臘女神，因統治海洋而聞名，據說是波賽頓的配偶，居住在大海下方的洞穴裡。

安娜希塔

安娜希塔（Anahita）是波斯女神，掌管生育能力與女性的奧祕。據說她坐在一輛戰車裡，被四匹分別代表雨、風、雲、雨夾雪的不同馬匹拉著。她與湖泊、河川、所有的水域相關聯，尤其管轄有魔力的出生之水。希臘萬神殿將她與阿芙蘿黛蒂聯想在一起，然而她也與伊什塔爾（Ishtar）、阿斯塔蒂（Astarte）、雅典娜、阿娜特（Anat）有所連結。她的名字大略翻譯的意思是「完美無瑕的那一位」。

阿芙蘿黛蒂

阿芙蘿黛蒂（Aphrodite）是最常被視為愛和欲望的希臘女神。在羅馬的萬神殿裡，與她對應的是維納斯。據說她掌管美、藝術、歡愉、感性、生育能力。她出生的神話故事很有意思。據說，在她父親男神烏拉諾斯（Ouranus）被去勢之後，她從海中升起，完全成形。**aphrodisiac**（春藥）這個字就來自她的名字，因為她有力量針對每一個層面施魔法。她的動物靈同伴通常是鴿子。

阿塔南希

被譽為「天女」（Sky Woman），擁有Ataensic、Ata-en-sic、Ataentsic、Atahensic、Ataensiq、Aataentsic等等名字的這位女神，從北美原住民休倫族（Huron）和易洛魁聯盟來到我們面前。她的神話說，她從天空中的一個洞掉下來，被海鳥們救了，安置在一隻海龜的背上，送到她現在的住家海龜島（Turtle Island）。據說她與婚姻、生育能力、傳統女性手藝和創作相關聯。

白潭姬

白潭姬（Bai Tanki）是印度女神，她的悲劇形成一則極端的神話故事。據說年輕時，許多男人想要強暴她，她向魔法求助，冀望魔法前來拯救她。在此，靠性愛傳播的疾病誕生了。當攻擊者想要對她施暴，對方的陰莖就會染病；儘管如此，一個邪惡的人還是成功了。她的疼痛和悲傷促使她變形成為一條河流，將這些疾病散布到世界各地。

貝兒芭

與伊莉厄絲（Eoryus）、蘇伊勒絲（Suirus）合稱「三姊妹」，統治愛爾蘭境內東南方的河川。確切地說，貝兒芭（Berba）據說是芭洛河（Barrow River）的女神。

波安

又名「白乳牛」（White Cow），這位神明是居住在愛爾蘭境內波因河（Boyne River）的女神。這條河流坐落在神聖的紐格蘭奇（Newgrange）、諾斯（Knowth）、道斯（Dowth）古墓附近，是力量與奧祕的源頭。就跟女神希南（Sinann）一樣，波安（Boann）測試水的邊界，遇見了水的死亡。據說她在那裡打破了關於神聖水井的禁忌，深入檢查所謂神聖的水。波安據說是詩人、創意、生育能力、知識、神性靈感的保護神。波安是「達南神族」（Tuatha dé Danann）德爾貝斯（Delbáeth）的女兒。

布麗姬

在凱爾特族的古代語言中，「布麗姬」（Brigit）這個名字可以約略翻譯成「火熱的一位」，這提到她與神聖火焰的連結。然而，她也與具療效的水和泉水有關聯，她也是預言、壁爐、詩人、助產士、船員、旅人，乃至亡命者的守護神。許多不同的動物受到她強而有力的庇護，尤其是羔羊、蜜蜂、乳牛、蛇，還有貓頭鷹。

查兒奇烏特莉奎

這位神明來自古代的墨西哥，時間甚至可以追溯至阿茲特人（Aztec）占領本區以前。她是年輕而性感的女神，流動的水是她的領域。她有力量賜予延續生命的水，也有力量泛濫淹沒、製造毀滅。她的名字的大意是「綠裙子的淑女」（lady of the green skirt），而且提到她與玉石的連結。她時常被描述成穿著綠色和藍色等水的顏色，頭髮上有睡蓮，據說還戴著兩端有大蛇的藍色鼻環。查兒奇烏特莉奎（Chalchihuitlicue）與水的連結是明顯的，因為據說她帶來傾盆大雨和危險的漩渦，造成大地泛濫幾十年，然而據說她也赦免人類，將他們轉化成魚類，如此才能存活下去。她的水域據說是必要的，帶來淨化與療癒。她也時常與蛇有關聯，而且被視為孩子和漁夫的保護者。

科文提娜（Coventina）

古代的羅馬女神，據說她管轄英國境內哈德良長城（Hadrian’s Wall）附近的那座聖泉。該遺址的挖掘發現了這位女神的兩尊雕像，她被描繪成一位拿著水罐或大水杯的水寧芙。

娥皇

這位中國女神與湘江有關。相傳她投身江中，化身為水仙女神。

艾吉莉

拼作 Erzulie 或 Ezili，嚴格來說並不是女神，而是來自海地巫毒教和紐奧良巫毒教萬神殿的「羅瓦」（lwa，譯註：神靈）。更複雜的是，不只有一位艾吉莉，而是有許多艾吉莉。每一位艾吉莉都在傳統中占有自己獨特的空間，據說統治著每年在海地境內的索度（Saut-d'Eau）舉行的儀式浴。

艾吉莉．丹托

這個艾吉莉很兇悍。她被視為強大的母親，保護她的孩子們，也確保他們正確地生活。艾吉莉．丹托（Erzulie Danto）被看作是勤奮工作的，通常以紅色和藍色為榮。獻給這位海地「羅瓦」的慣常祭品多不勝數。最值得注意的是，她喜歡銀色鍊條、項鍊、珠寶、蘭姆酒、可可酒、香水、紅酒、不帶濾嘴的香菸、深色皮膚的娃娃、小匕首。她的「維維」（Veve，儀式圖形）時常以這把匕首刺入心臟為特色。

艾吉莉．芙蕾妲．達荷美

這個海地「羅瓦」時常被視為代表人類如雨落下的淚水。艾吉莉．芙蕾妲．達荷美（Erzulie Freda Dahomey）希望人們表現得更好、變得更好。這位「羅瓦」與「七苦聖母」（Mater Dolorosa）融合，她最愛的顏色據說是粉紅色和淺藍色，而她的儀式編號通常是七。至於祭品，她喜愛收到甜甜的香檳和酥皮點心。獻給她的「維維」（儀式圖形），邊緣經常有模仿蕾絲的捲曲或波形褶邊。

恆河女神甘迦

甘迦（Ganga）是恆河的印度教女神。據說，她的一半住在河裡，另一半住在銀河系。據說，她可以洗去所有過去和現在的業力，可以滌罪、療癒，為一個人的身體和靈魂增添能量。

伊德米莉

伊德米莉（Idemili）是奈及利亞境內伊德米莉河（Idemili River）的神明。據說她可以為分娩中的婦女、母親、嬰兒提供保護，而且會極力保護她們。她被歸類為伊博人（Igbo）的神明，也與蛇和巨蛇有關聯，其中許多蛇都是在她的河流中發現的。有許多供奉她的神龕，她是該地區最受歡迎的水神之一。

愛希絲

愛希絲（Isis）是最受歡迎的女神之一。她受到崇敬已有大約四千五百年（起源日期可以追溯到西元前二七〇〇至二五〇〇年之間）。她既是女神，也是皇后，對她的敬拜始於埃及，尤其是尼羅河谷。愛希絲是母親女神，代表所有母性的和女性的事物。她的神聖領域是其中一種美、愛、豐盛、婚姻、生育能力、療癒、月亮的力量、來世的奧祕。愛希絲女神的力量以許多名字被大眾所熟知：阿賽特（Aset）、阿絲特（Ast）、烏瑟特（Usert）、伊賽特（Eset）只是其中幾個。紫水晶（Amethyst）、血石（bloodstone）、珊瑚、祖母綠、青金石（lapis lazuli）、月光石（moonstone）、紅寶石、土耳其石（turquoise）是與她有關的水晶和寶石。愛希絲的神聖動物是貓頭鷹、獅子、蠍子、貓、獅身女怪。她最神聖的象徵是生命之符（ankh）；這類似於用血石為她製作的儀式護身符，叫做「愛希絲結」（Isis knot）。

茱朗古兒

這位澳大利亞原住民女神，在他們的創世神話中占有顯著的地位。她是一條彩虹色的大蛇，代表雨水和海水。茱朗古兒（Julunggul）具有顯化成為閃電風暴的能力。

茱芮（Jurate）

這位女神據說是立陶宛民間故事中的美人魚女王。她因不斷哭泣產生珍貴琥珀眼淚而知名。她的主要角色是療癒。

茱特娜

茱特娜（Juturna）是古羅馬女神，據說曾經是泉水、噴泉、水井、河川的守護神。她的慶祝日叫做「茱特娜節」（Juturnalia），是一月十一日。她出現在維吉爾（Virgil）、奧維德以及其他古典作家的作品中。茱特娜因與不朽和療癒（她的聖水可以授予此二者）連結而為大眾所熟知。

克托（Keto）

這位希臘女神，又名Ceto，據說是海怪女王。

柯莉根

就跟在這裡描述的許多水神一樣，柯莉根（Korrigan）很危險。據說她們每晚跳舞，吸引受害者，然後再淹死對方。她們最常出現在凱爾特人的傳說中，尤其是不列塔尼的傳說。

庫墨珀勒亞

在希臘萬神殿中，庫墨珀勒亞（Kymopoleia或拼作Cymopoleia）是一位住在海裡的寧芙，她嫁給了風暴巨人布里阿柔斯（Briareos），據說統治風暴期間發生的巨浪。

拉賽靈

在海地巫毒宗教裡，有一位名為La Sirenn（或Lasirene）的「羅瓦」。她的領域是大海。拉賽靈（La Sirenn）據說是阿格維（Agwe）的妻子。拉賽靈經常被描繪成美人魚，以唱真實和謊言的歌曲而聞名。獻給她的祭品有珠寶（常是鑽石和珍珠）、鏡子、梳子、甜的水果、酒精飲料。她的某些「維維」（神聖圖形），以美人魚為特色。

水媽咪

這裡列出的許多女神，對她們的特定位置以及流經那裡的神聖的水都有統治權。水媽咪（Mami Wata）的情況並不是這樣。這位非洲神明代表所有的水。哪裡有水，水媽咪便燦爛榮耀地在那裡。藝術圖像經常把水媽咪表現成美人魚，而且是一條雙尾美人魚。人們將她比作其他代表水的「奧里莎」或「羅瓦」。奧湘奧里莎確實是河川的「阿許」（神聖能量），但水媽咪是所有水的神聖能量，包括河川在內。在貝南，有幾個團體以他們的做法向水媽咪致敬。也有好幾個人讓自己與水媽咪契合相應，這些人通常與水和靈媒的深奧能力有特殊的連結。

媽祖

媽祖是中國最受歡迎的神明之一，僅次於觀音。有超過一千座寺廟供奉這位水手和捕魚人的女神。媽祖又稱天后、天妃、聖母，名字本身可以大致翻譯成「奶奶」。再一次，古代的女性與水之間存有這份連結。敬拜媽祖可以回溯至大約西元一千年。此外，她在現代仍舊受到敬拜，甚至在一九九二年首次出現在郵票上。對媽祖的敬拜已經廣泛流傳，而且她不只出現在中國，也出現在日本、臺灣、亞洲其他地區，甚至是歐洲和美洲。每一個地方的媽祖都略有不同，呈現出當地人們和居住地方獨一無二的特性。

相傳，媽祖是名副其實的少女，神奇而沉默，名叫林默娘，出生在湄州。小時候，她擁有驚人的力量，據說曾經與水靈接觸過，水靈賦予她特殊的力量，能夠拯救在海上遇險的人們。據說她還能夠治癒病人、為缺水的莊稼帶來雨水、趕走惡魔。她英年早逝（二十七、八歲時），卻持續擁有信徒，而且聲望成倍增長。她後來成為政府認可的女神。有人認為，此舉旨在幫助地方政府控制圍繞著敬拜她的某些能量，將其轉化，達成政府自己的目的。

米利暗

《聖經》中提過米利暗（Miriam），她是摩西的姊妹、偉大的女先知。據說是她帶領女子們在蘆葦海中翩翩起舞。今天，許多女權主義者開始從事她的事業，在週六夜晚對她歌唱，作為敬拜的一部分。傳說，有一口水井跟隨米利暗穿過曠野，一解人們的口渴，而且這口水井還養大了對療癒有用的藥草。

摩莉根

摩莉根（Morrigan）是與烏妮厄絲河（River Unius）有關聯的愛爾蘭河流女神。她有時候被描繪成單一的女神，其他時候則被描繪成三重女神。她的名字意思是「偉大的幽靈女王」。她被視為一名戰士，強大的武器是魔法。歷史曾經將她與拉彌亞（Lamia）連結在一起，拉彌亞是令人害怕的夜魔們，也與古代女神莉莉絲相關。她的圖騰鳥是烏鴉，與魔法、死亡、神祕事物有關聯。

南社（Nanshe）

這位蘇美女神，又名 Nanse 或 Nance，統治占卜以及社會正義。據說她擅長詮釋夢境和訊息。在據信可以追溯到大約西元前二一〇〇年的《南社讚歌》（*A Hymn to Nance*）中。[33]她是永生不死的，她的敬拜中心在雷加什（Lagash），位置在今天伊拉克東南部。

奧巴

奧巴（Obba），又名 Oba，是奈及利亞境內與奧約（Oyo）州和奧孫（Osun）州同名河流的奧里莎。她出現在「伊法」的萬神殿和「雷格拉路庫米」的宗教中。據說她是權戈（Changó）的妻子之一。關於她的「帕塔奇」（patakí，神聖教育故事）有無數個版本，其中最著名的故事涉及一次指告（無論是真實的或假想的），據說她因此割下自己的雙耳，餵給丈夫吃。此舉帶來了莫大的悲傷和不信任。

註[33]：Maxwell-Hyslop, "The Goddess Nanše"。

奧洛昆

奧洛昆（Olokun）是出現在非洲傳統宗教中的深海奧里莎。關於奧洛昆，據說「沒有人知道海洋底部是什麼」，而奧洛昆是這些黑暗深處的奧祕。這位奧里莎可以為你提供莫大的財富和成功，或是將你送往水汪汪的死亡。在許多靈宮之中，奧洛昆被視為葉瑪雅（Yemayá）的對應神明，而且入教儀式經常包含兩位奧里莎的「阿許」（神聖能量）。

奧湘

奧湘（Oshún）是河川的奧里莎。據說她統治著金錢、黃金、婚姻、美貌、舞蹈以及其他怡人的領域。通常，代表她的是銅聖母（Caridad del Cobre）雕像，節日在九月八日。奧湘的儀式顏色是黃色和金色，她的祭壇經常披著精美的織品。解釋這點的「帕塔奇」（神聖教育故事）講到有一段時期，當時儘管奧湘身為女王，但是卻缺錢，而且陷入困境。因此，她不得不每天親手在河裡洗衣服。經過重複洗滌，她原本潔白的衣服逐漸變黃。這是為什麼今天奧湘的顏色據說是黃色的原因。奈及利亞境內的奧孫河

（譯註：奧湘奧里莎就是奧孫河的奧里莎奧孫）以及附近的神聖叢林，是聯合國教科文組織（UNECO）的世界遺產遺址。從各個方面看，奧湘都是創造力與愛的喜悅的靈感。

這裡有一首傑森・溫斯雷德（Jason Winslade）創作的歌曲，他是教授兼成就非凡的音樂家。這是他早期與這位奧里莎在儀式和修習中相遇幾次之後寫下的。

時光的天使

她收集水
她在蜂蜜中游泳
她是女神女兒
她在火光中燃燒和流動

她吟唱你的真名
她舞出你的故事
低溫火焰的守護者
黃金與奧祕的孩子
當最黑暗的夜在此與我同在時
我敬拜她的永恆

我們踽踽獨行
穿越無盡的日子
迷失在錯綜複雜的迷宮裡

時間是情人
她的親吻是時間
這位鮮紅色的母親
誕生出介於其間的時刻
介於其間

正在燃燒的海浪將會驅使我們前進
在奧湘與巴巴倫（Babalon）* 沐浴的地方
在維納斯的貝殼裡
在布麗姬的水井邊
那位天使墜落了

於是時間釋放狂喜
一遍又
一遍

——傑森·溫斯雷德

*譯註：遠古女神，有些學者認為是古巴比倫傳說中的豐饒女神。

瀾

在北歐的萬神殿中，瀾（Ran）被視為埃吉爾（Aegir）的妻子，瀾是巨人，統治大海和死在大海裡的人們。她有著黑色的頭髮和藍綠色的肌膚，也以顯化成美人魚而為人所熟知。大海被稱之為瀾的路，建議在海上行駛的人們要留下給她的黃金祭品，這樣她才不會用網將他們拖入海水深處。據說她是統稱為海浪少女的九個女兒的母親。傳說告訴我們，如果溺水者的鬼魂出現在自己的葬禮上，那麼他們已經被接納進入瀾的冥界。

薩拉斯瓦蒂

薩拉斯瓦蒂（Sarasvati），也拼作 Saraswati，既是印度教女神，又是一條河川。她賜予知識、智慧、靈感。

賽德娜

賽德娜（Sedna）是因紐特人（Inuit，譯註：美洲原住民之一，分布在北極圈附近，包括格陵蘭、阿拉斯加、加拿大北部等地區）的大海女神。又名桑娜（Sanna）或阿娜夸格薩克（Arnakuagsak），她的創世故事說，她一開始是一位非常美麗的女子，有許多追求者。

然而，沒有人取悅得了她，隨著時間的推移，她被騙嫁給一隻許諾她美好人生的海鷗。當她抵達海鷗的住家時，這樁婚姻的邪惡變得顯而易見。她傳話給父親，要父親來救她。不久之後，她的父母親趕來，要把她帶走，但是就在他們設法離開時，大風暴出現了，而她被扔到了船外。

這則故事的某些版本說，這是她父親幹的好事，其他版本則說是前來協助營救的男人們做的。不管是哪一個版本，當她試圖爬回船上時，她的手指被壓碎，於是她被犧牲在大海的底部。當她下沉時，她的手指頭變形成為魚、海象、鯨、海豹以及其他海洋生物。她今天仍舊留在大海深處，是生活在那裡的所有生命的守護者。這位海浪構成的女子因為有助於轉化和犧牲、同時也因為提供豐盛和成功而聞名。

塞夸娜

這位女神也常被稱作 Siquanna 或 Secuana，據說統治著流經巴黎和法國北部的塞納河。這個名字的字面意思是「快速流動者」。她透過她的水域和泉水賦予療癒而為人所熟知。西元前第二世紀左右，在勃艮第（Burgundy）為她建了一座療癒神殿，據說可以賦予奇蹟般的治癒，尤其是眼睛或視力有問題的人們。藝術作品描繪那裡的朝聖者留下食物、水果、珠寶、金錢等祭品，甚至是他們的寵物。

辛安

辛安（Sinann）是愛爾蘭境內最長河流香農河（Shannon River）的古老凱爾特女神。辛安（又名 Siona）據說是凱爾特海神李爾（Lir）的孫女。她連結到蘊藏大智慧的「康拉之井」（Connla’s Well）。在她試圖分享康拉之井的智慧時（以榛子或鮭魚的形式，取決於故事如何講述），這口井滿溢了出來。這造成井水上升，害她溺斃，產生了以她命名的香農河。這則故事舉例說明了談到水，邊界是重要的主題，既是基於安全，也是作為通向神性的入口點。

斯提克斯

冥河（River Styx）是將生者與死者分開的水。同名女神斯提克斯（Styx）來自希臘萬神殿，是「海洋女神」（Oceanid）姊妹們之一。styx 這個字的意思是「戰慄」，而且確實這位女神可以激發恐懼。在荷馬的偉大作品《伊里亞德》（*Iliad*）和《奧德賽》（*Odyssey*）之中，人們對著冥河發誓，這本身就像今天許多人用《聖經》發誓一樣。這位女神的重點，在於這些誓言的深度和我們自己。

蘇莉絲

蘇莉絲（Sulis）是療癒之水和淨化的凱爾特女神。據說她是英格蘭巴斯（Bath）泉水的守護神。當羅馬人抵達巴斯時，她與密涅瓦（Minerva）融合，變成女神蘇莉絲・密涅瓦（Sulis Minerva）。一七二七年，發現了源自羅馬時期不列顛行省（Roman Britain）最著名的考古發現之一，也就是蘇莉絲・密涅瓦雕像的青銅頭像，它最有可能為該遺址增添光彩。那個頭像略為大於真人的頭顱，有六層鍍金，最後四層是金箔。

泰芙努特

泰芙努特（Tefnut）是古埃及的濕度和濕氣女神。通常，泰芙努特以半人半獅的形相出現，但是有些圖像將她描繪成一條盤繞在權杖上的大蛇。她被稱作「太陽神拉（Ra）的眼睛」。據說拉的左眼代表月亮，右眼代表太陽。她被視為太陽神「拉」的女兒以及風神「舒」（Shu）的姊妹和妻子。圖像經常顯示她戴著日輪（solar disk）和生命之符。

特爾孚薩

特爾孚薩（Telphusa）據說是希臘中部特爾孚西厄斯山（Mount Tilphousios）上的泉水寧芙。她又叫做Tilphousa或Tilphusa，據說與女神厄里倪厄斯（Erinyes）有關聯。她名字的意思大致是「產生沼澤」，這可能意謂著她的水域時常停滯不前或被污染。

希特絲

希特絲（Thetis）是希臘名為「海仙女」的大另一位海寧芙，被認為是涅柔斯和朵勒絲的女兒。她的聖殿位於斯巴達。

提阿瑪特

提阿瑪特（Tiamat）據說是一位母親女神，而在某些情況下，則是創造萬物的祖母女神。她的名字來自tamtu這個字，可以大致翻譯成「海」。她時常被描繪成一條水龍，既兇悍又強大。她的起源根植於古代的巴比倫，可以追溯到大約西元前一千年。她與天河石（amazonite）有關。在現代，她八成是因《龍與地下城》（*Dungeons & Dragons*）和《最終幻想》（*Final Fantasy*）遊戲中的角色而比較廣為人知。

維拉莫

這位芬蘭水女神據說統治著大海。她的名字來自 velloa 這個字，大概的意思是「搖晃自己」。她以美人魚的形相而為人所熟知。

西王母

又拼作 His-Wang-Mu，這位來自中國的古老神明擁有許多身分。有人視她為君主，有人視她為惡魔。她的名字意思是「西方的女王母親」，而且她是最古老的神明。傳說她是來自崑崙山的靈，變形成為半人，還留著豹尾和兇猛的虎牙。據說她培植了一座神奇的花園，有罕見的花卉、植物、一種長生不死的特殊蟠桃。西王母經常被描繪在藝術作品中，騎著鶴、鳳凰或龍現身。據說她控制著空間和時間的宇宙力量。

雅穆娜（Yamuna）

這位印度教女神與恆河的主要源頭雅穆娜河有關。在藝術作品形相中，人們看見她騎著一隻烏龜，在屬於她的河川岸上有許多烏龜。

葉瑪雅

傳統九月七日是她的節日，這位奧里莎在世界各地都有人敬拜。伊法、雷格拉路庫米（聖特利亞教）、坎東布雷（Candomble）等宗教中的信徒們敬拜她，而且在某種程度上，紐奧良巫毒傳統中的信徒們也敬拜她。她的植物祭品包括許多水元素植物：留蘭香（spearmint）、海草、羅勒、桉樹、梔子花、檸檬香蜂草、蓮花、沒藥。葉瑪雅（Yemayá）的神聖食物包括西瓜（整顆）、黑糖蜜、椰子、鳳梨、魚等等。她的「阿許」（神聖能量）是海洋之水的能量。哪裡有海洋之水，哪裡就有葉瑪雅。她的神聖顏色通常是藍色和白色，跟大海本身一樣。許多人將她與母親女神的特質關聯在一起，因為她可以是溫柔的、善良的、哺育的，但是如果她的孩子受到傷害，她就變得很兇悍。

葉娃

葉娃（Yewa）是約魯巴萬神殿裡的奧里莎，被視為奧倫米拉（Orunmila）的妻子。她時常被看作是與死亡有特殊連結的神祕女子；然而，她也是葉娃河的奧里莎。因此，她被連結到水與生命本身。真正的葉娃河（Yewa River）形成奈及利亞與貝南共和國之間的邊界。她經常被指定是粉紅色和數字十。

水男神

在許多社會中，水主要被賦予的性別是女性。然而，有若干男神宣稱自己擁有某片水域的統治權。

埃吉爾

這位掌管海洋和鹽的北歐男神，據說將強大的海怪「克拉肯」收服在其座下。

阿格維

阿格維（Agwe）是海地巫毒教的「羅瓦」，具體化現水與安全通道的「阿許」（神聖能量）。阿格維的顏色是藍色和白色，而獻給他的鮮花、食物、飲料等祭品被留在海邊（或海裡）。在藝術方面，阿格維榮獲一幅「維維」（神聖圖形），描繪一張漁網以及一艘側面有 immamou 字樣的帆船。

阿赫帕特納烏尼科伯

古代馬雅文明萬神殿中有兩百五十多位神明，這些阿赫帕特納烏尼科伯（Ah-Patnar-Unicob）是水神，據說曾在為期八天的祈雨儀式中備受敬重。

阿刻羅俄斯

阿刻羅俄斯（Akheloios）是希臘男神，具體化現希臘境內最大的淡水河艾托里亞河（Aitolia River）的精神。

阿爾比恩

有些人認為「阿爾比恩」（Albion）是現在叫做「不列顛」的那塊土地的替代名稱，乃至神話名稱。阿爾比恩也是掌管大海的男神。

波隆德扎卡伯

波隆德扎卡伯（Bolon-D'zacab）是馬雅文明的農業神，據說是種子的守護者。他是風暴和閃電男神。在古代的圖像中，顯示他有一張爬蟲類的臉。

恰克

馬雅文明至高無上的雨和閃電男神，掌管水井、泉水、溪流，是一位非常受歡迎的神明，人們經常向他獻祭和祈禱，經常被描繪成有蛇從他的嘴裡冒出來。

恩基

恩基（Enki）透過古代的蘇美來到我們面前，據說曾經是智慧和命運之神，是既歡樂又嚇人的大海與河川的統治者。在這裡，我們發現水與過去和未來的神聖知識之間的古老連結。

格勞克斯

在希臘神話中，有許多個體被稱作「格勞克斯」（Glaucus），而在希臘語言中，這個名字可以粗略翻譯成「閃閃發光」（gleaming）。安塞頓的格勞克斯（Glaucus of Anthedon）是一位漁夫，他吃了一些有魔力的草本或青草，轉化成為神，然後跳入大海中。在其他關於他的故事中，他變形成為綠皮膚、渾身覆蓋海藻和貝殼的人魚。

哈達德

哈達德（Haddad）是蘇美人和腓尼基人的天氣之神，經常被描繪成頭戴犄角且拿著一根棍棒和一根雷霆。

休德洛斯

在希臘的萬神殿中，休德洛斯（Hydros），據說是淡水男神。據悉他與賽希絲

（Thesis，創造）和蓋亞（Gaia，地球）結婚。

因勒

這位因勒奧里莎，也叫做埃林勒（Erinle），是奈及利亞境內埃林勒河（Erinle River）的「阿許」（神聖能量）。這條短短的河川直接流入奧孫河。他掌管健康和療癒，他的領域是埃林勒河與大海之間的空間。因勒（Inle）應該是偉大的漁夫兼獵人。他與聖拉斐爾（St. Raphael）融合，而聖拉斐爾的節日是九月二十九日。傳統上，因勒不說話，反而透過葉瑪雅奧里莎傳遞訊息和資訊。

瑪納南・麥克・李爾

男神瑪納南・麥克・李爾（Manannán mac Lir），從凱爾特人的傳奇和傳說來到我們面前。據說他的王座在曼島（Isle of Man），他被譽為「大海之子」和「海洋之主」。瑪納南・麥克・李爾擁有許多神奇的力量和工具，包括一艘銅船，據傳沒有帆或槳就可以移動，而且可以將你運送到任何想去的地方。

涅普頓

涅普頓（Neptune），又拼作Neptunus，原是古羅馬的淡水男神。隨著時間的推移，他變成等同於希臘男神波賽頓，換成統治大海。他的節慶叫做「涅普頓節」（Neptunalia），在七月二十三日。涅普頓名字的起源可以追溯到「潮濕」或「薄霧」的字義。就跟波賽頓一樣，他在藝術作品中時常手持三叉戟。他可以利用這支三叉戟製造海嘯、洪水、船難之類的破壞，也可以使海面平靜，據說有一群海豚作為同伴。

歐西里斯

歐西里斯（Osiris）是埃及萬神殿中最著名的神祇之一。有許多關於他的神話和傳說，但第一個是關於他的出生。這則神話據悉可以追溯到西元前二十四世紀或更早。據說歐西里斯是大地蓋布（Geb）和天空努特（Nut）的兒子。歐西里斯長大了，最終娶了他的姊妹愛希絲，成為埃及國王。身為統治者，他以睿智和助人而聞名，並贏得了人民的愛戴和尊重。

他的兄弟賽特（Set），統治著沙漠，而歐西里斯的領地是尼羅河及其河谷。賽特被妒忌沖昏了頭，策劃了歐西里斯的垮台。根據普魯塔克（Plutarch，大約西元四六年至一一九年）的說法，歐西里斯不是被賽特淹死，就是被賽特以某種方式殺害了。他無生氣的屍體被撕成碎片，分散各地。愛希絲和她的姊妹奈芙蒂斯最終找到了除了陰莖外的所有碎片。在這則故事的某些版本中，愛希絲用金子製作了另一根陰莖，但是，不管怎樣，她設法讓歐西里斯復活足夠長的時間，讓她可以懷上荷魯斯（Horus）。然後歐西里斯轉化成為冥界之神，而荷魯斯最終為父親的死復仇，成為埃及國王。

佛西士（Phorcys）

也拼作 **Phorkys** 或 **Phorkos**，這位來自希臘的小神據說掌管大海。他與海蛇克托一起旅行，而且是蛇髮女妖戈爾貢（**Gorgon**）們的父親。

澎濤士

來自希臘萬神殿，澎濤士（**Pontus**）不只是原始海的男神，他就是大海本身。在藝術作品中，他有長長的波浪狀鬍鬚和看起來像蟹爪的角。

波賽頓

這位掌管大海和水手的希臘男神通常手持三叉戟。他從大約西元前一六〇〇年開始受到敬拜。他出現在硬幣及雕塑、匾額等藝術作品中，也出現在荷馬的《伊里亞德》與赫西奧德（Hesiod）的《神譜》（*Theogony*）等文學作品中。波賽頓（Poseidon）神廟的廢墟今天仍舊高高矗立在希臘蘇尼歐（Sounio）海域上方的懸崖上，是頗受歡迎的觀光景點。

波塔莫伊（Potamoi）

又稱 Potami，他們是古希臘境內的河神們，最常被描繪成拿著槳、水罐及象徵豐收的羊角。

蒂伯里努斯

蒂伯里努斯（Tiberinus）是台伯河的羅馬神。據傳他讓一位溺水身亡的處女成為他的配偶。據說厭惡金屬。

特拉洛克

特拉洛克（Tlaloc）是來自墨西哥的雨神，在古代藝術中經常被描繪成在潑水。對他的敬拜甚至早於阿茲特克人，地點在特拉洛克山（Tlaloc Mountain）附近。

特里頓

特里頓（Triton）們是來自羅馬萬神殿的次要海神，據悉是涅普頓的宮廷的一部分。

伐樓拿

伐樓拿（Varuna）是印度教的神明，他是天空的化身，但也連結到雨、雲、河流、海洋、水本身。在許多方面，伐樓拿都被認為是全能的，被描述成一位睿智的統治者、無私的法官、深切關懷臣民福祉的領袖。據說住在大海對面的一座石頭宮殿裡。人們向他祈求勇氣和繁榮。隨著時間的推移，一般而言，他變得更直接地與海洋和水相關聯。圖像經常描繪他手握一條大蛇，騎著七隻天鵝乃至一隻鱷魚。

這份清單絕不是完整的。全世界只要有水的地方，就可能有同樣多掌管水的男神、女神、神明。

為水神們實作的旅程

你可能渴望完成一趟旅程，致力於幫助你連結和探索本章裡的水能量和存在體。以下操作指南，將會幫助你在靈性上深入探究這些奧祕，以及為你自己而搜尋。

一開始先決定你要去哪裡完成你的實作。可能是在家，在某個安全的室內空間中，或是在戶外某個水體附近。無論你選擇哪一種，請確保它是你感覺舒服的地方，而且能夠不受干擾地完成你的旅程。

接下來，請決定你是要執行一般的實作，探索你與水神們的連結，還是要嘗試與某位特定的神明互動。如果你不習慣這種魔法運作方式，可能會認為從一般的練習開始比較容易。然後你將需要收集你的魔法工具來協助你體驗。我喜歡包含來自每一個元素的物品。你可以用藍色蠟燭代表「火」的水，一些屬水的香代表「風」的水，真實的水要麼來自現場，要麼來自某個神聖的水源，而水系水晶或一些沙灘的沙，可以代表「土」的水。

一開始，如果你與一位朋友一起完成這趟旅程，讓朋友擔任嚮導，協助完成你的旅程，那將會容易許多。一旦你熟悉了整個流程，如果別人沒有空，你也可以先把自己說的話錄下來，然後邊播放邊完成你的旅程。

品項：

- 藍色蠟燭
- 玻璃燭台
- 水
- 屬水的香，例如椰子香或梔子花香
- 水系水晶，例如藍色方解石或藍銅礦
- 藍色的布

收集好所有品項，將它們放在你面前的小小藍布上排好。在燭台底部放少量的水，然後加上蠟燭，點燃，你現在也可以點香了。用你的非慣用手握住水晶或沙子（如果你慣用右手，現在就用左手，反之亦然）。接下來，將一滴燭台底部的水滴在你的後頸和雙腳上。

準備好，要你的嚮導說出下述這些話：

最好閉上眼睛，有助於這趟旅程進行。你將要深入一個水的界域，一塊莫大的魔法和奧祕的土地，許多的真相和洞見將會在那裡被揭示出來。

要知道你是受到保護的，我將會引導你踏上你的旅程。你正在進行的旅程將會帶領你下降到另一個層次。除非有人非常需要你，否則不管在這個層次發生什麼事，都不會影響到你，而且在有人非常需要你的情況下，你將能夠快速且不費力地返回。

一開始先想像一座樓梯，它可以是你喜歡的不管什麼樣的樓梯——石造的、木造的，在你的腦海中清楚地看見它。

走近樓梯。你在樓梯頂。你要從第二十級下降到第十九級，然後下降到第十八級、十七級、十六級，向下深入到第十五級、十四級、十三級，愈走愈低，低到第十二級、十一級、十級，下降到第九級、八級，再向下深入到第七級、六級，五級，再下降到第四級、三級，下降到第二級，接著你在第一級，然後下降到底部。底部有一扇門。看見那扇門。伸出手，慢慢地觸碰那扇門。大聲說出那扇門是什麼樣子。描述那扇門。它有多大？門把是什麼樣子的？（暫停一下，讓對方可以回答這些問題；對方需要多少時間，就給多少時間）

伸出手，轉動門把，打開門，走進去，你看見什麼了？（給對方時間回答）

你在室內還是在戶外？如果你在室內，設法找到通向戶外的門，然後走過去。（同樣的，給對方時間完成這件事）

你現在在戶外嗎？（等對方回答是）

你在那裡看見什麼呢？附近有水嗎？（給對方時間回答）

如果有水，朝水走過去。如果沒有水，讓自己平靜下來，聆聽周遭的所有聲音。你聽見附近有水嗎？你看見任何以水為家的動物或植物嗎？（給對方時間回答）

如果聽見或看見了，有目的地朝那個方向走去。如果沒有，請慢慢地到處走，直到你斷定需要走哪一條路才能找到水。朝四面八方看——水可能在你後方，或是你沒有想到該要去看看的某個地方。要有耐心且信任你的直覺。當你找到水的時候，花些

時間好好探索那個地點，你在那裡看見什麼呢？（給對方時間回答）

有哪些顏色呢？有哪些聲音呢？有你可以看見的其他人在那裡嗎？如果有，那麼唯有在你感到舒服時，才開始接近他們。如果你覺得舒服，不妨詢問對方的名字而且告訴對方你的名字。如果你接收到回應，請大聲重述一遍。

如果你沒有看見任何人，那就做一次深呼吸，然後，雙眼仍舊閉著，低頭探向你的雙手，研究接下來的旅程。這將會幫助你在空間中為自己定好方位。請記住，如果你感到不舒服，隨時可以自由返回到你進來的那扇門，與我一起返回到這個空間。你想要繼續嗎？（給對方時間回答；如果對方說想要返回，則前進到下方的「回程」說明）

如果你準備就緒了，就朝著你被呼喚前去的任何方向走幾步，再次環顧四周，你看見什麼呢？（給對方時間回答）

如果有人在那裡，而且你覺得接近對方很舒服，請向前邁進，恭敬地自我介紹，有回應嗎？回應是什麼呢？

詢問是否有任何給你的信息，詢問是否有什麼是對方希望你知道的。

感謝對方花時間陪你，當你準備就緒時，你將會開始返回到你穿過之後來到這裡

的那扇門，你準備好了嗎？（給對方時間回答）

回程

看見你自己朝著你穿過之後來到這裡的那扇門走去，緩慢而有目的地前進。留意你在回程上看到的東西。當你抵達那扇門的時候，如果有必要，打開門，走過去，你將會看見同一座樓梯，就是你走下來的那一座。這一次，你將會從踏上第一級開始。走上去，返回到這個存在層次。踏上第二級，然後第三級。向上走到第四級。繼續向上走到第五級、六級、七級。向上移動到第八級，然後第九級。感覺自己即將回到這個界域。向上到第十級、十一級、十二級、十三級。向上爬到第十四級、十五級、十六級；繼續向上。來到第十七級、十八級、十九級，然後最後是第二十級。你現在和我一起回到這個空間中。當你感覺舒服時，睜開眼睛。

你現在可以開始思考你在旅程上學到了什麼。做筆記，或是以其他方式在日誌或「陰影之書」（Book of shadows）中記錄這趟體驗，那可能會有所幫助。

有許多掌管水的男神和女神。當面對奧里莎、羅瓦、非洲傳統宗教時，我的最佳建議是，始終遵循傳統路線，得到指引，甚至可能得到來自某位合格教師的啟蒙。每一個人的靈性道路都是獨一無二的，而老師將會幫助你成功地通過特定的迂迴曲折。請記住，要尊重古老的系統。

許多不同的文化，都有以各種形相掌管水的男神和女神。有些神明統治某一特定的水鄉，而諸如「水媽咪」這類的神明則代表著各種形式的水，無論那些形式的水可能在哪裡。每一位神明都有自己的特殊喜好，以及使自己為人所知的崇敬方式。要花時間恭敬地探索他們的世界，你將會得到回報。

4

造訪各地的魔力水域

談論神聖的水時，絕對有必要討論世界各地的某些水之聖域。許多是世界遺產保護區，因其擁有的美麗、雄偉、重要性而受到保護。如果你夠幸運，有機會親自造訪這些聖域，我極力推薦。它將會賜予你直接的連結，允許你以真正神性的方式接通水的賜福。即使你無法到一或多個這些聖域朝聖，請考慮在你的社區裡以你自己的方式向神聖的水致敬。這將有助於增強你個人的力量，強化你與地靈們的連結。

世界各地的水之聖域

巴斯

英格蘭巴斯（Bath）境內的神聖之水一千多年來一直是朝聖和療癒的名勝。當地溫泉的使用可以追溯到新石器時代。早期的不列顛群島居民和後來的羅馬人都利用這些溫泉。

該地區的主泉在攝氏四十九度的溫暖溫度下噴出大約二十五萬加侖的水。正是在這裡，古代的羅馬人和英國人尋求與女神和死者交流。這裡的水被視為通向另一個世界的強大門戶。這裡也是早期定居的地點，該地的第一座神殿是供奉女神蘇莉絲。

隨著羅馬人的到來，蘇莉絲女神很快地與羅馬人的女神密涅瓦結合在一起。除了之前討論過的蘇莉絲密涅瓦雕像的頭部之外，蘇莉絲密涅瓦神廟還有一座巨大的神殿，有鑲板描繪巴克斯（Bacchus）、朱彼特、海克力士。那裡的泉水絕對是獻祭的場所，而且已從該遺址出土的羅馬硬幣超過一萬兩千枚。特別有意思的是，已經在那裡發現了一百三十多塊小板子，上面寫著詛咒，其中大部分的字詞是乞求蘇莉絲密涅瓦懲罰那些對不起他們的人。那裡的神廟和聖域似乎在西元第四或五世紀左右被廢棄了，可能是因為被水淹沒。西元七世紀左右，後來在該遺址上建造了一座基督教修道院。巴斯城本身，包括溫泉浴場和蘇莉絲密涅瓦神廟的遺跡，現在以聯合國教科文組織世界遺產的身分受到保護，每年吸引大約三十萬名遊客。

聖約翰河區

在「南方召喚術」（Southern Conjure）與胡毒教裡，聖約翰河區（Bayou St. John）被譽為強大魔法的地點。就算不是全世界最知名的河區，聖約翰河區無疑也是路易斯安那州最知名的河區。在一七〇〇年代，它是一條六公里長的水道，開始於密西西比河以北大約三公里的地方，蜿蜒穿過沼澤，連結到龐恰特雷恩湖（Lake Ponchartrain）。當時該地區的原住民使用它，後來短時間成為一條航運通道。然而，它最知名的卻是巫毒。有許多關於傳說中的巫毒教女王瑪麗．拉馮（Marie Laveau），在那裡舉行典禮和儀式的報導。據說就是在這裡，拉馮曾經舉行過好幾場神聖的聖約翰前夕賜福。這些活動今天仍舊在那裡繼續著，聖約翰前夕時，群眾們聚集，在水邊接收他們的賜福。

波因河

這條河坐落在愛爾蘭紐格蘭奇的墓葬通道旁邊，這些墓地甚至比埃及的金字塔還要古老。它們與冬至的太陽完全對齊，讓我們看見居住在此區的古人的許多魔法和力量。波因河（Boyne River）在這些墳墓周圍流動，造訪期間，你很可能會穿過這些墓地，看見它們的力量與莊嚴。

布麗姬之井

凱爾特女神布麗姬是統治火與水的神明。隨著時間的推移，她已經與基督教的聖布麗姬（St. Brigid）融合在一起。在英國和愛爾蘭境內，有幾百口水井被認為是獻給這個神聖女性顯化的聖井，這些水井據說是奇蹟般的治癒和賜福的地點。

聖杯井

大不列顛有許多神聖的水井，但最熱門的水井之一，無疑是位於格拉斯頓伯里（Glastonbury）的聖杯井（Chalice Well）。它長期以來一直具有神奇的意義，但據說也是「最後晚餐」（Last Supper）的杯子被清洗（或埋葬，取決於故事如何被講述）的勝地，造成那些水等同於基督的血。多年來，它已經成為一處知名的聖所，每年吸引無數的訪客。

恆河

恆河是世界上最神聖的水域之一，發源於喜馬拉雅山，流經兩千四百多公里，注入印度洋。在印度傳統中，大家都知道它代表女神恆河母親，在印地語（Hindi）中稱作「甘迦瑪」（Ganga Ma）。對信徒們來說，恆河是滌罪之源，可以沖洗掉他們的煩惱。眾所周知的是，它也可以幫助死者實現「摩克夏」（moksha，「解脫」之意，是一種超越重生週期的靈性開悟）。火葬在恆河岸上執行。如果你想要在你的法術和實作中囊括恆河的水，就跟全球的許多神聖水域一樣，有人在線上銷售來自恆河的水。

不幸的是，曾經如此神聖的景象也被污染了。恆河在沿途被數百萬人使用，已經成為毒性的來源。在我行文至此時，一直有人努力清理恆河，但仍舊面臨資金不足窘境。

廣勝寺

位於中國山西省臨汾市洪洞縣，這個地點有中國僅存的幾座水神廟之一。廣勝寺供奉水神「明應王」和他的十一名侍從，裝飾著人們祈雨的壁畫。

伊博登陸

飛行的伊博人（Ibo或Igbo）的故事流傳了好幾代。幾乎是自從非洲裔美國人以奴隸身分抵達美國時，就有人告訴他們了。這則故事是抵抗運動之一，講述奴隸們如何成群地離開，走進水中，然後飛回非洲。這些神話不僅與超自然的力量有關，而且與選擇自殺而不是屈從於壓迫和奴役有關。實際的伊博登陸（Ibo Landing）位於喬治亞州的鄧巴溪（Dumbar Creek）。一八〇三年，正是在這裡，一群伊博奴隸從奴隸船上下來，邊走邊唱歌，在鄧巴溪中死去。某些報導指稱，大約八十名奴隸失蹤，而被找到的屍體只有十多具，這使人們相信，無論是使用魔法，還是實事求是，奴隸們可能是逃跑了。這則故事在保蘿・馬歇爾（Paule Marshall）、托妮・莫里森（Toni Morrison）、牙買加・金凱德（Jamica Kincaid）等黑人作家的作品中被重述。當地人聲稱，你仍然可以聽見那些哭聲，感覺到這些奴隸在鄧巴溪邊。儘管結局不幸，但是許多人認為，這是在美國土地上第一次真正的「自由行進」（Freedom March）舉動。

晉祠

這處聖域可以追溯到西元前十一世紀，位於中國山西省太原市西南方大約二十五公里處，在懸甕山麓，晉祠泉所在之地。遺址上的最大建築是聖母殿，供奉晉祠諸泉的靈。遺址上還有其他幾座與水有關的建築物，包括一座八角蓮池和「難老泉」。儘管經歷各種天氣，那裡的溫泉仍舊持續冒泡。

約旦河

約旦河位於敘利亞與黎巴嫩之間的邊界，幾千年來一直被認為是神聖的。有考古證據顯示，該遺址是一座神廟的所在地，神廟從西元前第三世紀左右開始供奉希臘神明潘（Pan），持續幾近七百年。聖殿所在位於戈蘭高地（Golan Heights），包含一座位於深谷上方的巨型天然洞穴，約旦河的支流之一便從深谷流出。還有一座人造洞穴，題有「潘神與諸寧芙洞窟」（Cave of Pan and the Nymphs）的字樣。隨著時間的推移，該遺址開始在基督教中具有重要意義，約旦河被定為施洗約翰（John the Baptist）為耶穌基督施洗的地方。正是在這裡，人們相信，「聖靈」轉化成一隻鴿子並出現。有證據顯示，就連在中世紀時期，這裡每年也有幾千名朝聖者來訪。即使在今天，它仍舊被認為是基督教的頂級聖域之一。人們持續來到那裡朝聖，將之視為朝訪的「聖地」（Holy Land）之一，不僅在神聖水域中沐浴而且飲用神聖的水。

拉姆拉錯

這座湖泊位於拉薩東南方，被認為是西藏境內最神聖的湖泊。拉姆拉錯（Lake Lhamo Latso）也叫做「神諭湖」，從一五〇九年第二任達賴喇嘛開始，它就一直是這些聖人接收異象和信息的地方。該遺址位於一座布滿經幡的狹窄山谷盡頭，包含一張達賴喇嘛出席時所坐的寶座。然而，來到這裡的不只是這些聖人；每年都有幾個人來到本區朝聖，在齋戒和祈禱之後，他們希望親自接收未來的異象。

瑪旁雍錯

位於西藏境內的這座湖泊，被認為是佛教、印度教、耆那教（Jainism）和苯教

（Bön，西藏本土民間宗教）信徒的聖湖。幾乎關於這個地方的每一樣東西都是神奇的。它是世界上最大的淡水湖之一，但是周圍的土地幾乎就像沙漠。我的一位閨蜜今年剛剛去那裡朝聖，形容那次經驗真正難以置信。沐浴在那裡的水中，據說有助於進入天堂。遊客們順時針繞湖走一圈，停在沿途的神聖地點沐浴和祈禱。

馬沙邦湖（Lake Mashapang）

位於美國康乃狄克州的這座湖泊，現在俗稱「加德納湖」（Gardner Lake），有它自己的美人魚傳說。傳說大致如此：這片土地曾經是乾旱的，人民是浪費的，由沒有智慧聽取謀士意見的女王統治。一位被稱為女先知的特別女性敦促人民做出改變。人民不聽，於是「大靈」（Great Spirit）淹沒了這片土地。除了女先知，所有居民都死了，唯一剩下的是湖泊，就在社區曾經矗立的地方。有報導說，漁民和其他人在湖上聽見神祕的音樂。

龐恰特雷恩湖

這座美國路易斯安那州的湖泊，占地約一千公里。世界上最長的橋梁「堤道」

（the Causeway）是它的特色，將紐奧良連結到湖水的另一邊。龐恰特雷恩湖（Lake Pontchartrain）據說是巫毒教女王瑪麗．拉馮的儀式地點。在那裡，她舉行了當時報紙和雜誌上報導的不那麼祕密的儀式。甚至有人說她在一八八〇年代差點淹死在這座湖泊裡。造訪該地區的任何人，都可以看見這座湖泊的力量與莊嚴。

懷奧湖

這座湖泊坐落在海平面四千公尺以上，位於夏威夷島的茂納凱亞火山（Mauna Kea）山頂上。有史以來，當地人便認定這個地點是聖域，也是雪女神懷奧（Waiau）的住所。許多人到懷奧湖（Lake Waiau）一遊，親眼見證月亮印在懷奧湖水的神奇倒影。許多年來，這座位在熔岩床上的心形湖泊被認為是無底的；但現在知道它大約是三公尺深。

尼斯湖

尼斯湖是蘇格蘭傳奇的材料。它是惡名昭彰且已經成為國際傳奇的蘇格蘭怪獸「尼斯湖水怪」的家園。尼斯湖實際上是英國境內最大的淡水湖，橫渡幾近三十七公里，水深大約兩百四十三公尺。從當地可以追溯到西元五百年的皮特克人（Pict）立石雕刻上，甚至可以看見傳說尼斯湖水怪住在那裡的故事。就連基督教的歷史也與尼斯湖交織在一起，因為據說聖高隆（St. Columba）來到這個地區，運用上帝的力量正面對抗「水怪」。基督教的報導說，水怪再也沒有出現過，但是當地傳聞卻有另外一種說法。

露德鎮

這處位於法國的聖域，主要被視為基督徒尋求治癒的朝聖地。當地的聖泉是全世界最受歡迎的聖泉之一，每年有六百多萬的遊客來訪。自一八五八年以來，它已經是經由天主教會證實的至少六十九件奇蹟或治癒的發生地。據說聖母在這裡向伯爾納德．蘇比魯（Bernadette Soubirous，譯註：一八四四年至一八七九年，露德鎮一位磨坊工人的女兒。一九三三年，教宗庇護十一世宣布蘇比魯為天主教會的聖人）顯現了十八次，而且就是那個時候，奇蹟開始了。露德鎮（Lourdes）一直是許多電影的主題，最著名的是珍妮佛．瓊絲（Jennifer Jones）主演的《伯爾納德之歌》（*The Song of Bernadette*，一九四三年）。多年來，這處聖域已經變得非常商業化，許多人把它比作迪士尼樂園。對於想要體驗露德鎮的水卻不想朝聖的人們來說，這種水很容易透過線上來源取得。

瑪唐井（Mardron Well）

這口療癒井位於英格蘭康瓦耳郡（Cornwall）。傳統規定，從這裡接收賜福時，你必須面對太陽。這個地點也因療癒而聞名，習慣上讓孩子們在水中浸泡三遍，以此治癒孩子的所有疾病和不適。

密西西比河

密西西比河始終是魔法的景點。它的蜿蜒旅程的最後一站是紐奧良市。對於一直為這座新月城市增添光彩的代代巫毒教女王而言，這條河被視為神聖的地方。瑪麗・拉馮據說曾在那裡舉行典禮，就連今天，來自紐奧良巫毒教神殿的巫毒教女祭司米莉安・查馬尼（Miriam Chamani），也曾經因為在那裡舉行儀式並留下祭品而聞名。

尼加拉大瀑布

每次造訪尼加拉大瀑布時，我都對它的巨大規模和神奇魔力留下深刻的印象。依據你走哪一條路接近它而定，你可能會看見一條看起來相當正常的河流，卻完全不知道沿那條路而下等待你的是什麼。它被當地的原住民視為是聖域。今天，它仍舊是世界上最受歡迎的旅遊勝地之一。

尼羅河

世界上最長的河流是尼羅河，它向北流過六千六百多公里，注入地中海，沿途流經坦尚尼亞、蒲隆地、盧安達、剛果民主共和國、肯亞、烏干達、南蘇丹、衣索匹亞、蘇丹、埃及的部分地區。大約西元前五千五百年，古埃及人在尼羅河附近定居，他們相信這條河是來自眾神的禮物。歐西里斯是埃及的死者之神，而他的死在象徵意義上與尼羅河的泛濫和上漲有關聯。尼羅河泛濫是一個必不可少的過程，負責為周邊地區施肥。在這個地區，墳墓傳統上位於尼羅河西側，因為那是太陽每天落下的地方。

奧霍卡連特

這些溫泉位於美國新墨西哥州境內，在聖塔菲以北大約八十公里處。奧霍卡連特（Ojo Caliente）被認為是原住民祖尼人（Zuni）的聖泉，他們在舞蹈儀式中利用這裡的水，為莊稼帶來雨水和豐收。這些溫泉也受到許多其他當地部落的珍視，幾千年來一直被認為是療癒和回春的強大地點。

奧孫河

奈及利亞境內的奧孫河（Osun River）被視為奧孫（Osun）奧里莎的故鄉。它被位於奧紹博市（Osogbo）郊區的奧孫聖林（Osun Sacred Grove）環繞，奧孫聖林已被聯合國教科文組織列為世界遺產。每年七月和八月期間，這地區是奧孫節慶的根據地，慶祝奧孫奧里莎以及與她同名的聖河。這片土地也是奧孫河沿岸神聖宮殿和禮拜場所的所在地。

匹茲堡諸河流（Pittburgh Rivers）

聖域就是你打造出來的，雖然許多人未必認為匹茲堡是水之聖域，但是該地區的魔法修習者談到，這座城市因為建立在三條河之上，因此擁有自己獨一無二的能量。這三條河流是阿勒格尼河（Allegheny）、莫農加希拉河（Monongahela）、俄亥俄河。三條河流匯聚在當地人稱之為「匯聚點」（the point）的地方，這裡經常舉行祭祀和神聖的典禮。

妃特・曼恩・蒂伊（Phat Man Dee）是一位有異教傾向的泛靈性猶太人。她是爵士歌手、樂隊領隊、聲樂導師，來自美國賓州的匹茲堡，莫農加希拉河和阿勒格尼河兩條河在那裡匯合，形成偉大的俄亥俄河。第四條河在地底下流動，而該地區所有爵士樂的流動都來自那條地下河。匹茲堡的本地表演者妃特・曼恩・蒂伊，寫了下述這首詩，談到那裡有魔力的水域。

有魔力的水域

濕氣滲入這個世界的裂隙
將內在的「靈」形之於外
深陷在被遺忘的過去甚至還知會未來
攜帶來自很久以前的訊息
而那些漂浮在水面上的人們相信
他們已經重新創造了這些

但是「靈」知道，水記住一切
流下來的，沖回去的，轉圈圈的，包括
順時針轉，逆時針轉
四季流逝，歲月消失在被遺忘的記憶中

隨著每一次潮汐沖上河岸
在泥濘的榮耀中滋養未來的世代
水是生命。Mni Wiconi*。

——妃特・曼恩・蒂伊

*譯註：印第安拉科塔語（Lakota），即「水是生命」。

聖潔洗禮瀑布

這座十七公尺高的著名瀑布在芬蘭境內，曾經世世代代被認為是聖域，而且至今仍是該地區最受歡迎的旅遊景點之一。這個名字的大致意思是「啟蒙認識到神聖」，傳統上被用來作為獻上祭品以確保成功狩獵的地方，後來被基督徒改成洗禮的地點。這個過程始於一六四八年，當時路德教派牧師埃賽亞斯・費爾曼・曼斯維蒂（Esaias Fellman Mansveti）讓當地的薩米人（Sami）大規模皈依基督教。夏季時，這座瀑布一天二十四小時沐浴在陽光之中。

南尼女王的大鍋

牙買加的南尼女王（Queen Nanny），在人們的記憶中既是戰士又是女王。據說南尼女王逃脫了殘忍的俘虜者，與她的兄弟們一起在牙買加的藍山為有色人種建立了一處自由聚落。從一七二八年至一七四〇年，南尼女王領導了後來被稱為「向風馬龍」（Windward Maroons）的團體。據說在南尼的嚴厲指揮下，他們設法解放了近千名的奴隸。她運用她的軍事技能以及「奧比巫術」（Obeah）才能，成功地完成了她的征戰。

她的神聖景點之一，據說是牙買加波特蘭（Portland）境內的南尼瀑布（Nanny Falls）。據傳這裡的水擁有非凡的療癒力量，在戰鬥前，南尼女王和她的戰士們會為了強化而造訪這裡。今天，人們到這個地區朝聖，能夠親自體驗到有魔力的水域。

人們記憶中的南尼女王，是強大的領袖和一股不容小覷的真正力量。有許多南尼生平的報導。有人說她是奴隸，有人說她甚至可能有自己的奴隸。然而，無可辯駁的是，她是牙買加的英雄，非常可能奉行某種源自非洲的傳統宗教，叫做「奧比巫術」。大部分歷史偏愛遺忘她與非洲療癒方法和魔法的連結。

萊茵河谷

這處遺址於二〇〇二年加入聯合國教科文組織世界遺產，據說是本書前面討論過的傳說水妖羅蕾萊的領地。人稱「女水妖」（nixie）的水中神話生物，也被認為住在那裡，而且傳說天氣好的時候，你可以看見她們在河邊梳著長長的金髮。

斯諾誇爾米瀑布

美國華盛頓州境內的這座神聖瀑布，每年有一百多萬人造訪。雖然這個地點八成因為它是熱門經典電視劇《雙峰》（*Twin Peaks*）的開場特色之一而聞名於世，但它實際上是幾千年來一直備受當地原住民崇敬的聖域。對斯諾誇爾米（Snoqualmie）人來說，這個地點甚至是他們的創世故事中的要角。傳說，這裡是世界的混亂轉化成為秩序的地方。來自瀑布的薄霧，據說將祈禱直接上傳給造物主，這處聖域也是當地原住民舉行葬禮和悼念儀式的地方。

烏魯班巴河

烏魯班巴河（Urubamba River）與附近的馬丘比丘遺址，長久以來一直被當地人們視為聖域。坐落在烏魯班巴河附近的是「坦波瑪查」（Tambomachay），某些人稱之為「印加浴場」（Bath of the Inca），令人想起著名的英國巴斯浴場。據說坦波瑪查是一處你可以儀式性地清理身體和心智的地方。所有這些遺址最近都成為靈性朝聖的熱門旅遊景點。

旺阿努伊河

紐西蘭原住民毛利人擁有一條他們崇敬了八百多年的祖傳河流，叫做「旺阿努伊河」（Whanganui River），這是紐西蘭境內最長的通航河流。根據毛利人的說法，他們稱作「塔尼瓦」（taniwha）的靈之守護者居住在這條河裡。二〇一七年三月二十日當天，紐西蘭議會承認，毛利人一直堅持的「旺阿努伊河是有生命的存有」，並將這條納入法律之中。因此，旺阿努伊河被授予與人類個人相同的權利、權力、義務、責任。希望這將會賦予它許多權利和保護，使其免於自一八〇〇年代歐洲殖民到來以後，一直飽受的污染和剝蝕。

所在地區的聖域

這份水之聖域清單絕不是完整的，請盡你所能在你自己的地區找到水之聖域，並以適當的方式向它們致敬。

雖然靈性體驗有一部分始終是到達實際的地點，但你可以做到幾件事來幫助你發揮神奇魔力，使你的旅程更有成效。

- 考慮將你的儀式工具帶到現場。當你到達那裡時，可以用那裡的水來淨化和賜福給這些工具。要始終畢恭畢敬，如果你的工具被難聞的材料覆蓋了，不妨考慮取一些當地的水，將水放入桶中，藉此清洗你的物品。完成後，你可以將水棄置在離水源很遠的地方。

- 帶一只容器來收集少量你在那裡找到的水，然後可以將水帶回家，在需要的時候使用。請務必畢恭畢敬，遵守當地的習俗和法律，且始終因為你要拿的東西而留下一份祭品。
- 在現場舉行個人賜福儀式。在神聖的水的邊緣賜予你一次獨特的機會，可以在現場淨化你自己和其他人。要特別注意賜福給你的雙手，這麼一來，你所觸碰到的每一樣東西都會受到那水的力量影響，對你的雙腳和頭部做同樣的事。
- 好好研究與該地點和可能居住在那裡的神明相關的傳統歌曲和祈禱。準備好在現場表演或朗誦。這些聖域裡包含的水是古老的，找出它在過去如何受到敬重，將會幫助你擷取它的神聖能量和力量。

＊＊＊＊

神祕的尼加拉水域

以下是巫醫烏圖（Witchdoctor Utu）關於神聖空間和儀式的客座來稿。巫醫烏圖是《召喚「摩西媽媽」哈莉特・塔布曼以及地下鐵路的諸靈們》（*Conjuring Harriet 'Mama Moses' Tubman and the Spirits of the Underground Railroad*）的作者，龍儀式鼓手（Dragon Ritual Drummers）、尼加拉巫毒神社（Niagara Voodoo Shrine）的創辦人，以及紐奧良巫毒教神殿的成員。自二〇〇〇年以來，烏圖一直在加拿大和美國的異教徒（Pagan）和唸咒召喚（Conjure）活動中，積極地表現和表演。

水一直是我的生命的一部分。我出生在蘇格蘭的一座島嶼上，童年時移居到多倫多境內安大略湖湖岸地帶長大，二十歲時搬到尼加拉半島（Niagara Peninsula）。這座半島被兩大湖泊以及連結兩大湖泊的浩瀚尼加拉河（Niagara River）所環繞。尼加拉瀑布其實是三座不同的瀑布：馬蹄瀑布（Horseshoe Falls）、美國瀑布（American Falls）、新娘面紗瀑布（Bridal Veil Falls），它們是由伊利湖注入安大略湖所構成，然後安大略湖經由聖勞倫斯海道（St. Lawrence Seaway）流出去，注入大西洋。

很難將尼加拉大瀑布與它所連結的任何一座湖泊分隔開，它是一支永恆運動的大型神聖舞蹈，不停地改變著景觀且支配著好幾個外圍地區的當地天氣。為了全面了解尼加拉的神聖奧祕，我們必須將這座北美洲境內最大的瀑布視為「門路」（the doorway）。「尼加拉」（niagara）這個字，來自曾經居住在該地區的原住民「翁吉阿拉」（Onguiaahra），這個字同時也是他們的瀑布的名字，意思是「海峽」以及「雷鳴的水域」。瀑布及其洞穴是神話的巨角蛇、風神、雷神、閃電神的家，也是比真人大的人形魔法師和食人石頭巨人的住所。尼加拉瀑布是一座大瀑布，更準確地說就像是神殿的一處裂口，是神聖的賜福和魔法的獨特混合，也是一支至今仍令人毛骨悚然的馬戲團。尼加拉瀑布的水域，是真正結合大自然渾沌與原始力量的水域。

今天，當人們想到尼加拉瀑布時，許多人八成想到它擁有全球蜜月之都的稱號，事實上，旅遊業確實促成了這點，而且已經持續了一百多年。任何瀑布，尤其是像尼加拉這麼大的瀑布，都會在空氣中以負離子的形式產生正能量，因此，在它始終臨在、延伸到天空的薄霧中，存在著著名的神祕和療癒品質。薄霧本身被神化成為「霧中少女」，其中一位翁吉阿拉少女以幽靈的形式顯化，在庇佑新婚夫婦的同時，也使人們迷惑了好幾百年。

這位生命中的霧中少女是誰呢？根據原住民的傳說，那是一種犧牲，無論是自願的還是被選中的，她都是古代人類的一員，早在歐洲人來到本區之前，人們就用獨木舟向瀑布的神明獻祭，幫忙阻止瘟疫。之後每年都舉行這個儀式，最終將裝滿水果和鮮花的獨木舟送過瀑布作為象徵性的犧牲。那就是你看到的尼加拉瀑布：生與死、喜劇與悲劇之間的平衡，不斷地歡慶。

尼加拉瀑布的霧氣，可以改變一個人的靈性能量——只要在瀑布的邊緣，乃至靠近瀑布，它就是一股流經這個區域的水流。說到水流，它正是尼古拉・特斯拉（**Nicola Tesla**，譯註：一八五六年至一九四三年，美籍塞爾維亞裔發明家、物理學家、機械工程師、電機工程師、化學家、未來學家。被認為是電力商業化的重要推動者，且因設計了現代交流電力系統而廣為人知）來到尼加拉瀑布前，並在不只一個層面體認到它獨一無二的屬性和品質。特斯拉負責開發利用尼加拉瀑布動力的水力發電技術，當特斯拉加入尼加拉不斷壯大的萬神殿時，他的肖像便永垂不朽，伴隨著美洲原住民和第一民族（First Nations，譯註：數個加拿大境內民族的通稱，指的是當地的北美原住民及其子孫）的傳說，以及雕像和牌匾中的維多利亞時代敢死隊員。

尼加拉瀑布較不被關注的面向之一，是它不著痕跡但可以觸知的憂鬱感，源自於經常在那裡發生的大量死亡和悲劇。尼加拉瀑布是個疑雲罩頂的地方，有時候，幾百人會在短短幾年內選擇在尼加拉瀑布結束自己的生命。因為承繼始於霧中少女的遺產，從全球各地來此朝聖的某些人也跟著那麼做。這替尼加拉增添了令人毛骨悚然的歷史，此外還有不得不且持續以不怕死的絕技挑戰瀑布威力的人類，試圖以水桶和其他精巧裝置以及走鋼索（聊舉幾例）征服它，然而並不是人人都能勝利凱歸。

尼加拉瀑布本質上是地球上的一個靈能點（power point），乃是「尼加拉海峽」（the strait）的巨大能量構成的一條「雷伊線」（ley line，譯註：又稱「靈脈」、「地脈」，意指在各種歷史建築和著名地標之間繪製的直線）。它是一九八七年「和諧匯聚」（Harmonic Convergence）期間的聚集地點之一，與尼加拉瀑布一起獲選為靈能點的還有巨石陣（Stonehenge）、金字塔、富士山、沙斯塔山（Mount Shasta）。

尼加拉的水域，無論是尼加拉河的源頭或河口，還是兩座相連的湖泊，也有一條隱祕的水蛇，在某些人眼中，這是曾經受到古代居民崇敬的巨大角蛇仍舊顯化的一面。這條角蛇有許多名字，取決於多年來居住在尼加拉瀑布的土著民族。對某些人而言，牠是慈善的，在需要的時候幫助人類，而對其他人來說，牠是邪惡的存在體，憎恨人類，試圖毒害尼加拉的水域，把人們拖下去直至溺斃為止。

在許多方面，尼加拉瀑布定義一條神聖水道的許多複雜性，以及那裡的水元素是什麼：神祕、原始、美麗、嚇人、不分青紅皂白、慷慨、肥沃。它給予、拿取、滋養生命，它為神明、靈、奧祕提供住處。然而，對我來說，儘管從原住民到外來客，它有許多層的遺產和靈性奧祕，但有一個真正引起共鳴的面向，那就是「門路」，也就是尼加拉海峽。尼加拉神聖水域的奧祕是獨一無二的織錦，而它最容易被忽視的面向之一就是，延續其作為門戶的遺產：一條通向自由的門路。當他們在「地下鐵路」（Underground Railroad，譯註：十九世紀美國祕密路線網絡和避難所，用來幫助非裔奴隸逃往自由州和加拿大）上邁出自我解放的最後幾步時，那份自由來到充分感受到且全然活出那份奧祕的人們面前。

尼加拉河正是隱藏在非裔美國人聖歌之中的「約旦河」，而《聖經》中的「應許之地」和「迦南」，則是從美國望向尼加拉河對岸的加拿大。這是因為哈莉特．塔布曼（Harriet Tubman）而聲名大噪的路線，她喬裝成「摩西媽媽」（Mama Moses），帶領許多人邁向自由，越過古老的尼加拉河吊橋，將她的人民帶到應許之地迦南。在許多方面，這使得尼加拉河成為聖水的化身（在「地下鐵路」的另一條路線上，底特律河也是邁向自由的過境點和最終水道，因此它也分享著約旦河的奧祕）。

河川和溪流繼續擔任淨化的地方，洗掉我們不再需要的東西，以求被重生出來，因此，難怪河川和溪流是洗禮和靈性通過儀式的場所。在我曾經受教育和被訓練的傳統中，使用活水是最有效的。因為它們的水流，河川和溪流是獨一無二的，即使水流很溫和，仍然帶走我們可以沖洗掉的負擔和事物。河川或溪流也是讓不再需要的咒語內容和魔法消散的地方。它們可以幫忙逆轉實際上不利於我們的魔法，因為水流和水的生命力，將魔法帶走並制伏我們散布或放置在河中的任何東西。如果水被用來遏制燃料棒進行核分裂，那麼水也可以針對我們可能需要獻給它的「施咒法」做到同樣的事。

尼加拉瀑布當然為許多靈性需求服務。在白人制定的邊界兩側，原住民的遺產因國家而有所不同。瀑布的動力被用來為北美東海岸大部分地區提供水力發電。它是全球的旅遊目的地，為的是慶祝愛情和完婚。它是新時代選定的地點，吸引靈性遊客和求道者期待與它的正能量交流，儘管就在那裡底下，有著許多人喪生的明顯黑暗和死亡。基於種種原因，這裡有為數眾多的超自然熱點，一八一二年戰爭期間，它是廣大而殘酷的戰役的戰場，因為即使是那個時候，這裡也是官方的邊界。但貫穿它的是「尼加拉海峽」，一片移動的地方，介於兩大湖泊之間，流向大西洋，那是兩個國家之間以及通向許多靈界的門路。

就跟大部分的河川一樣，尼加拉河因為商業而有人定居，無論是該區的原住民，還是很久以後才到來的殖民者。許許多多的城市、工廠、聚落被建在河岸上是有原因的，而在這個摩登時代，人們無法理解那個原因。不管我們住在哪裡，身為靈性修行人和女巫，我們可以利用甚至最溫和的河流，就像特斯拉對尼加拉所做的，只是在某個有魔力的層面做到這點。身為解讀師和靈性顧問，我時常提出各種配方給人們，幫助他們繁榮、創業等等，而這些人經常跟我一樣，住在河邊、溪邊、湖畔。這是一種魔法的變形，適合將個人的創造力個性化，有時候，我在靈性諮詢期間，建議它作為一種簡單的方法，可以利用任何當地的溪流、河川或湖泊活生生的生命力，增強一個人在當地的力量。

——巫醫烏圖

****

向當地的水道致敬

無論你附近有什麼水道，無論是大河、大湖、小溪，還是一系列池塘，很可能你的聚落，就是因為它們和它們提供的東西而建立在那裡。回到北美洲的殖民前時代，那勢必包含狩獵和捕魚。但是殖民者有其他想法，於是建造了磨坊、碼頭、工廠，導致巨大的破壞和污染。無論如何，當地的水道是活生生的生命力，每一個都有自己的性格和特性。

你可以站在任何當地水道的邊緣，向它致敬並呼喚它的名字，無論是古老的原住民名字，還是很久以後才被賦予的名字。那就是它的名字，你可以大聲說出來——說出它的名字，然後自我介紹。

告訴那水，你珍惜它的生命力，以及所有居住在它沿岸、與它一起生活的魚、甲殼類、昆蟲、鳥類、動物。

對它幾乎肯定有某種程度的污染狀態表示同情。身為靈性工作者，這是很重要的事，要讓那水知道，我們同理且珍惜它的生命的一切。

你可以隨身攜帶一些淡水，帶著你的愛和感恩將淡水倒入那水中，作為奠酒。你還可以獻上一些鮮花，無論是購買的還是沿途採摘的，同樣作為送給那水的禮物。

你也可以在河邊放幾枚硬幣，酬謝它的恩惠；少許硬幣無傷，而在你尋求的互惠中，象徵性的姿態將神奇地大有幫助。

告訴那水，你向它致敬。在這些摩登時代，曾經依水而建的產業如今幾乎是稀缺的，許久以前的能量現在宛如鬼魅般，但卻依然可以被好好利用。

請求它的運行和豐盛能量滿足你的需求。同樣地，你可以獻上魚或鳥會喜歡的小塊麵包或食物，再次對它的生命獻上糧食和感恩。

當你感覺到你已經與那水交流、溝通過了，用小容器收集一些水，帶回家，塗抹你家的門檻，乃至你的住宅內部。你可以根據眼前的目的，用它與其他原料一起創造某種洗滌液。因為這麼做，你用現在已經蒙福且受到敬重的水噴灑你的領域，你的領域被賦予力量，醒悟到要為你和你的工作帶來水的繁榮力量。

要將偶爾或定期造訪所在當地的河川、溪流、湖泊或池塘，納入你的行程中，與它連繫，呼喚它的名字，與它的生命力和生活在其中的事物交流。以此方式，你將更好地利用居住地的力量，繼續進行將水元素召喚到你面前的傳統和女巫工作。當你與住家附近的水道密切合作時，你的魔法的繁榮和運行肯定會增加，誠如亙古以來女巫們一直在做的事。

神聖的水就在我們身邊。每一滴都包含它自己的魔法。有些正在療癒，有些提供回到過去、可能甚至是邁向未來的鑰匙。那些水可以用來賜福，甚至可以用作通向其他界域的通道。探索附近和遠處的聖域，將會幫助你接觸到整個星球上所有水的輝煌顯化。這應該要帶著正念和恭敬完成。不僅要考慮你可以從這個空間拿走什麼，而且要考慮你為它帶來什麼。

第2部

水系魔法的涵蓋範圍

5 魔法中的水元素

水顯化成為一種元素，在我們自己裡面，也在我們的環境中。它以無數種方式，結合火、風、土等其他元素一同起作用。水與火結合產生蒸汽。水與風結合產生水氣和濕氣。水與土結合形成泥漿。每一種結合都有其獨特的療癒和轉化特性。蒸汽浴是全世界許多地方的傳統療癒程序，而水氣已知是治療呼吸障礙的醫學方法。泥漿也是歷史悠久的療癒技術，以泥漿浴和泥漿療法的形式，人們在水療中心裡為此付出昂貴的代價。

在魔法中，水往往以下述標誌符號標明，它象徵杯子、聖杯或其他可以盛水的容器：▽。

向水元素致敬

若要向你體內和身邊的水元素致敬，你可以在身體和靈性上完成許多簡單的事。

- **喝水**。我知道這聽起來很基本，但實際上很少有人一天攝入建議的水量。每當我在日夜忙碌期間感覺到有點備受挑戰時，我會快速地自我檢查，於是發現，我時常因為忘記喝下足夠的水，讓事情對我來說變得比較困難。
- **洗澡**。洗澡是很容易的方式，讓你甚至無須離家就可以沉浸在這種元素的力量與莊嚴之中。不妨考慮使用本書介紹的某些儀式浴，或是想出你自己的儀式浴。
- **游泳**。漂浮、游泳、潛水或以其他方式將自己浸入水中，因為將它顯化在大自然中，等於是直接連結到這種神性元素。
- **將水放在你的祭壇或神龕上，尤其要記得提供水給你的祖先**。在我看來，有趣的是，許多不同的靈性傳統都採用這個信念。在名為「伊法」的非洲傳統宗教中，祭品往往僅由一杯水構成。甚至有一句諺語說：「獻祭水的人將會有休息的時間。」記得要獻水給你的祖先們，以及將水放在家中的其他神龕上，這將會確保你獲得內在亟需的平靜。

水提醒我們保持繼續前進——然而，在巫術中指定方向時，水通常與西方有關。代表水的顏色是藍色，有時候是灰色。在那個方向，大鍋、鏡子、聖杯、實際的水，都被用作水元素的工具。在某些傳統中，這也是祖先、死者、其他世界的存有的方向。因為這種與已離世者的連結，許多威卡教（Wicca，譯註：新興、多神論、以巫術為基礎的宗教，盛行於英國和美國）圈子，以吟誦和召喚水元素開始他們的儀式。

水祭壇與神龕

水祭壇和神龕可以是一般的祭壇和神龕，也可以是為了向特定的男神、女神或水系存在體致敬而特別創造的。祭壇被設置成特定魔法運作的臨時空間，而神龕則被創建成一處固定的地方，可以敬拜和集中你的靈性能量。仔細思考你的祭壇或神龕要坐落在哪裡，因為它應該要被放置在你可以與它互動而不受外在影響的地方。如果沒有固定的地方容納你的祭壇或神龕，不妨考慮製作一座比較方便攜帶的小型祭壇或神龕。這可以在一只小盒子或錫罐中完成，不用時蓋好收起來。

通常，一般的水祭壇或神龕會以藍色祭壇布為特色，代表水元素。我喜歡使用棉或絲之類的天然布料。如果你要製作某位男神或女神特有的布料，可能會想要納入使用某些常見基本圖案或象徵符號的布料。舉例來說，如果你要設置一個向某位海神致敬的空間，可以使用包含海浪或海鳥圖像的布料。無論你使用什麼布，它將會成為你的祭壇或神龕的基底。接下來，你將要開始收集實際的元素物品。

顯然，你納入的最重要特色將是實際的水，可以盛在盤子、碗、聖杯、瓶子，或你希望的任何其他容器之中。仔細地選擇容器的材料，顯然木碗的反應與玻璃碗或金屬碗不同，這只器皿將會裝盛實際的水。許多女巫選擇納入泉水、來自蒙福的河川或水井的神聖之水、海洋水，或他們發現對自己意義非凡的任何其他類型的水。你也可能想要考慮增加一座噴泉。好幾年前，當時我在處理悲慟和憤怒的情緒時遇到困難，購買了一座由孔雀石、土耳其石、板岩、矽孔雀石構成的大型噴泉，它幫助我探索並接受一部分這些感覺，而且確實讓整個空間變得愉快許多。眾所周知，落下的水（例如瀑布和噴泉中的水）據悉可以產生負離子，負離子據說可以提供生命力和能量。

為了讓你的空間可以最有效地運轉，你將需要同時有代表其他元素的物品。你可以增加一根藍色蠟燭，插在裝滿水的燭台裡，甚至可以使用將水主題的草本和油品，添加到蠟之中的蠟燭。如果你在蠟燭已經製作好之後才添加這些，請適量添加，因為過多可能會導致蠟燭過度冒煙，乃至燃燒過旺。你可以使用獻給水女神或男神的調合香，或者只是使用某些水系草本在一塊木炭上燃燒，以此代表風元素。土元素可以運用來自海岸地帶的沙子或泥土的形式，存在於這個空間中。另外，你可以在神龕上放些例如土耳其石或月光石之類的水系水晶。你的想像力的範圍愈大，你就愈不受限。我知道有一個戶外活動空間，特色是一座水神殿，它是由一艘升級改造的小船製成的，船身漆上藍色的漩渦，裝飾了海星、貝殼、其他來自大海的物品。

另一項可以考慮增加的有用特色是，水元素畫像或雕像，這可能是你正在關注的水女神或男神、海豚或鴨子等愛好水的動物、美人魚或賽爾基（selkie）之類的神話生物，或者只是與水有關的任何東西。在創造這類空間時，最好是由你的靈性導師以及你的直覺引導。曾經有過這樣的實例，在我走過時，物品確實落在我的神龕上或附近。另外，也有其他時候，東西很難被納入，於是我發現它們被打翻或放錯位置。許多年前，我收到了一則很好的建言，當時一位朋友告訴我，要標記你的雕像確切放在什麼位置，因為有時候，在沒有任何外力幫忙的情況下，它們似乎會移動和變換位置。外面有許多美麗的商業雕像和藝術品，或是你可以隨意創作自己的藝術品。只要設法確保，當你在你的神聖空間中與它互動時，它能夠贏得你的注意力，使你好好聚焦。

請盡最大努力定期打掃和維護你的神聖空間。為了達到最佳效果，它應該要得到最大的照顧和重視。使用某些有魔力的水，作為定期清掃空間和為空間賜福的一部分，這始終是個好主意。

水的類型大不同

水就是水——或者它是水嗎？有泉水、聖水、雨水、河水、暴雨水、冰川水、海洋水、瀑布水、池塘水、井水等等。水可以是固態、液態或氣態，經常改變其特性。這些特定水域中的每一種水，都會產生自己獨一無二的神奇能量。

請注意：如果沒有留下某種祭品，就收集不到水。魔法是根據某套交換系統運轉的，你必須付出什麼，才能達到什麼。取水時，我時常留下錢幣、烈酒、食物、鮮花等祭品。最好將你的神聖的水收集到一只玻璃罐或玻璃瓶內，務必在瓶罐上標明水的類型、日期、月相、天氣條件（暴風雨、下雪或恰當的任何東西）。

露水：雖然很難收集，但是露水非常適合用於愛情魔法，或是作為獻給小仙子或仙靈世界的祭品。

冰川水：來自冰川的水，可以用來提供你清明的魔法以及與古人的連結。

颶風水：這顯然是一種類型非常特別的暴雨水，它是極端的力氣和力量之一。颶風帶來快速而突然的改變。此時收集的水除了用於正義和保護外，也可以用於改變。在「雷格拉路庫米」宗教中，颶風是奧雅（Oya）奧里莎的領域。

湖水：這種水據說帶來平靜、和平、喜悅，它也有益於自我反思和自我評估相關的運作。

海洋水：海洋水跟其他水域一樣，呈現當地的能量。大西洋的振動與太平洋和其他海洋的振動大不相同。顯然，從你所在附近的水源取得水會是最容易的。在雷格拉路庫米宗教中，海洋水是常見的祭品，獻給葉瑪雅奧里莎。

池塘水：這種水可用於創造機會、自我發現、放鬆。

雨水：雨水是最適合用於魔法的其中一種水。許多女巫認為五月的雨水是最好的，因為在這個時候收集水，它具有貝爾丹火焰節（Beltane）的特性。據說這是地球慶祝土地肥沃、新穎、重生、成功的時候，這種水可以用於賜福、淨化、繁榮、愛的運轉，以及幾乎每一種其他類型的魔法。

雪水：雪可以代表聖潔和改變，而雪水則可以在魔法中用於同樣的目的。冬至耶魯節（Yule，十二月二十一日）是收集雪的好時機，因為它將會充滿一年中那個時候的魔法能量。

泉水：泉水深受周圍地方靈的影響，它會呈現泉水所在地的獨特特性，無論所在地是山脈、森林還是其他地方。然而，泉水通常與新奇和慷慨贈予有關聯。有許多神聖的泉水，例如巴斯、露德鎮以及全球其他地方的泉水。

暴雨水：暴雨水挾帶強大的力道從天而降。許多時候，它伴隨著雷鳴、閃電、狂風。傳統巫術告訴我們，暴雨水可以用來強化法術和實作，它也可以用於保護、激勵、重生。比較陰暗的一面是，有些人將這種水用於施魔法害人、詛咒和報復工作。

沼澤水：沼澤水有自己的特性。往往與藻類、淤泥甚至泥漿混合在一起，它可能是有惡臭、難聞的。魔法修習者經常使用這種類型的水，來處理束縛、驅逐、施魔法害人、詛咒的法術，以及涉及報復的魔法。

城市水：城市水跟所有的水一樣，具有受所在環境影響的獨特能量，但那並不意謂著城市水沒有魔力。城市水遊遍一座城市的街道和隧道，擁有一段蜿蜒且有目的的旅程。如果你住在城市環境之中，這種水攜帶你所住地方的精神能量，它經常來自城市附近的某條大河或某大水體。巴黎的自來水有一部分來自塞納河，倫敦也一樣，一部分自來水來自泰晤士河。然後這些河流的獨特性，將會對你的法術和實作產生能量上的影響。因為城市的自來水經過城市的富人和窮人，所以你可以在魔法中運用它獲得成功和繁榮，也可以用於詛咒和施魔法害人（雖然我不提倡這些類型的法術，但我當然理解人們為什麼使用它們）。

瀑布水：來自瀑布的水使人返老還童，它創造出一種與眾不同的新意與能量。

井水：井水在魔法中很有用，可以賦予願望、療癒、連結到其他世界的存有。

神聖的水在許多不同的文化中占有特殊的地位。在「南方召喚術」中，水是旅行和轉化的載具。在佛教中，水是四大元素之一，用於淨化、滌罪、神聖獻祭。它代表清明以及生存的流動。

水與脈輪的關聯

水與本我輪（sacral chakra）有關，本我輪是七大脈輪中的第二個。這個脈輪叫做「斯瓦迪斯他那」（Svadhisthana），位於下腹部。它和你與你自己以及你與他人的關係相關聯，它是創造力與喜樂的活動中心。「斯瓦迪斯他那」可以翻譯成「個人的住所」或「內在的住所」，性慾和快感也受這個脈輪支配。這個脈輪的顏色是橙色，與這個顏色的蠟燭一起靜心，有助於啟動和療癒這個脈輪。這個脈輪的真言是「vam」（音類似「梵」）這個字。據說唸誦這個字可以幫助一個人療癒，擺脫糟糕的自我形相或關係和性行為的困境。

水是風水的神聖元素之一

風水是中國的「撒泥占卜」（geomancy）系統，它決定物品的布置，以此提升能量、促進成功。風水（feng shui）這個詞翻譯成「風和水」。水是風水中的五大神聖元素之一，有助於將自由和流動吸引到你的空間中。水據說可以決定地位、財富、繁榮。顯然，你可以在你自己的環境中體現水，運用實際的水以一座噴泉或一瓶水的形式，運用藍色、有魚或展現水或海洋生物的某種藝術表現。然而，風水的重點在於平衡，所以如果你的生命中存有不平衡，務必確保水不會在你的住家中主導那個領域。堪輿系統是告知風水的工具，堪輿是風水系統的名稱，它識別環境的自然能量。堪輿體認到水的配置不僅在你的住家中，也在外在的環境中。這些年來，我上過幾次風水課，諮詢過幾次風水，如果你想要認真地將這些實務做法融入自己家中，強烈建議你向專業人士學習。

占星術中的水

水元素連結到巨蟹座、天蠍座、雙魚座等占星術的水象星座，這些星座的人據說具有夢幻的、流動的、水的天性，使他們容易被自己的深層情緒和感覺所引導。以太陽星座而言，每一個星座的影響日期大致如下：

- 巨蟹座：六月二十一日至七月二十一日
- 天蠍座：十月二十一日至十一月二十一日
- 雙魚座：二月二十一日至三月二十一日

每一個星座都與不同的動物和守護星相關聯，也有自己的標誌符號。巨蟹座被認為是螃蟹的星座，由月亮守護。天蠍座往往以蠍子、龍蝦或小龍蝦作為象徵，是由火星守護。最後，雙魚座是魚的星座，由海王星守護，它也時常與月亮有關。在占星著作中，這些星座由下述圖像表示：

- 巨蟹座：♋
- 天蠍座：♏

● 雙魚座：♓

不同的關聯反映出每一個水象星座的不同特徵，以下是與每一個水象星座有關的關鍵字：

● 巨蟹座：有愛心、謹慎、保護、哺育、喜怒無常
● 天蠍座：熱情、有磁性、強勢、有城府、妒忌
● 雙魚座：有慈悲心、靈性、直覺、理想主義、逃避現實

塔羅牌中的水

當人們想到元素的水魔法時，往往會想到塔羅牌和聖杯牌組。聖杯傳統上是與水對應的塔羅牌組。大多數的塔羅牌學者會告訴你，聖杯主要與情緒相關，尤其與愛相關。如果你注意看聖杯牌組的物質特徵，顯化在侍者、騎士、皇后、國王，那麼這些牌卡往往代表皮膚較為白皙、金髮、有藍眼睛或綠眼睛的人。除了個人的身體特徵外，這些牌卡還可以簡單地代表正在談論的那個人的星座。舉例來說，「聖杯皇后」可以代表成熟

的、金髮的女性，或是出生時的太陽星在水象星座的成熟女性。

聖杯一

就跟所有的塔羅牌組一樣，聖杯從一開始。排名第一的「聖杯一」（Ace of Cups），最常顯示單一只杯子或聖杯。曾經有人說，這代表基督教中最有名的「聖杯」（Holy Grail），據說曾經是耶穌在「最後晚餐」時飲用的杯子。聖杯也在亞瑟王傳說中占有重要的地位，據傳是握有通向青春永駐和幸福快樂的鑰匙。聖杯一在許多方面象徵這份充足的快樂和喜悅。它所包含的水，曾被比作女巫的大鍋和「青春之泉」（Fountain of Youth）的內容，據悉握有無限的潛力，就跟水元素本身一樣。[34]

除了聖杯牌之外，還有幾張王牌（大阿爾克納〔major arcana〕牌）與水有關。如果你注意看經典的騎士偉特（Rider-Waite）塔羅牌，它充滿牌卡的傳統符號。在許多其

註[34]：Nichols, *Jung and Tarot*, 1–7。

他套牌裡和塔羅牌詮釋的過程中，這些符號得到呼應。水元素是死神、節制、星星、月亮、審判牌中最顯著的特色。

死神

死神（Death）牌編號十三，無疑是整副牌中最強大的牌卡之一。小時候，我看了許多糟糕的電視節目；這張牌總是出現在有老套靈異人士的場景中，而且悲劇肯定隨之到來。事實上，死神牌未必意謂著真正的死亡，而是完全的轉化。在這張牌中見到的水並不是顯著的特色，它主要在遠方。這使得水在場，但不是立即的課題。許多套牌將這張牌視為遠離困難，在每一個層面改變。我曾經聽說這張牌被稱為不願意或不受歡迎的改變，這是一種有趣的看牌方式。許多人都害怕改變，即使改變是宇宙中唯一不變的。一切事物最終死亡或得到轉化，而且無論轉好或變壞，每一個人都必須與它和平共處。改變無法停止，地球上的潮汐或水流也無法停止。

節制

在騎士偉特塔羅牌中，節制（Temperance）牌緊跟在死神牌之後，編號十四。它的水以池塘或水池的形式，如實地出現在正面和中央，而且在兩只聖杯之間倒來倒去。節制是關於平衡，就像水在兩只杯子之間倒來倒去。在托特（Thoth）塔羅牌中，克勞利（Crowley）談到將珍珠溶解在酒中，作為這張牌的冥想能量的一部分。有時候，這張牌的別名是「藝術」（Art）。

星星

在我看來，星星（Star）牌是最美麗的牌卡之一，無論是就其意象還是意義而言，據說代表天命、希望、知識、願景、療癒、平靜、超越、轉化、靈感。這張牌卡可以被視為宇宙中的指路明燈，讓你看見通向夢想的道路。

月亮

在塔羅牌中，月亮（Moon）代表看不見和隱藏的事物。就跟水本身一樣，月亮牌經常代表深層的情緒和感覺。這張牌的傳統意象，通常是兩隻狗或胡狼以及一隻螃蟹、小龍蝦或龍蝦從水裡爬出來。有些人推理，狗的形相與狼或胡狼的形相形成鮮明的對比，代表我們無意識本性的溫馴面和狂野面。在這裡，你看見所有三個水象星座，螃蟹

（巨蟹座）、小龍蝦或龍蝦（天蠍座）、月亮（雙魚座），均出現在這張牌中。

在某些塔羅牌中，這張牌的特點是從天而降的水。這水可以被看作是雨水或眼淚，有些人把它看作月亮的拉力，將水從海中提起。眾所周知，月亮可以控制潮汐，對水具有極其強大的影響力。

審判

審判（Judgement）是塔羅牌的最後一張牌，編號二十，在這裡強調終結性的概念。傳統上，它的特色是天使加百列（Gabriel）吹小號的形相。據說天使加百列有助於溝通和保護。這張牌中的水寧靜而平和，據悉，它在深層代表回歸和更新以及再生。這裡也有改變，但這次是完整、全新的開始，奠基於你過去的行為和工作。

總之，就是水

以下文章來自愛麗森．艾格斯頓（Alyson G. Eggleston）博士，她是一位住在南卡羅來納州查爾斯頓（Charleston）的語言學家兼作家，有兩隻貓科動物作伴。她著迷於人類的語言，大部分工作，都聚焦在語言對我們的思維和解決問題能力的影響。她還熱衷於將語言作為一種接近的工具，樂於為年輕人提供達致成功和培養識別能力所需要的工具。

水：生命、運行、能量——當你聽見或說出八成是你用母語傳達的第一批單字時，如果這些是浮現腦海的概念，那麼關於這個珍貴、神祕的物質的歷史和語言根源，你就走對路了。早期古英語（西元六〇〇年至一〇六六年）的單字形式，為學者們提供了水的起源的線索。這個概念主要用於複詞（**compound phrase**），被寫成 **uaeter** 或 **uuaeter**[35]，直到由於現在英格蘭東南部的語言接觸和衝突造成聲音改變發生，才形成看起來比較熟悉的中古英語形式：**water** 和 **vater**。

註[35]："water, n." *OED Online*, Oxford University Press, December 2019, www.oed.com/view/Entry/226109。二〇二〇年一月六日存取。

這只是透過印歐語系的日耳曼語分支，來到我們面前的故事，印歐語系是一套相關的語言網，將歐洲、印度、中亞部分地區所說的語言，連結到一種單一的史前母語，也就是「原始印歐語系」（Proto-Indo-European）。威廉・瓊斯爵士（Sir William Jones）和弗蘭茨・博普（Franz Bopp）[36]等語言學家和文獻學者，最早提出有凝聚力的證據，證明梵語、希泰語（Hittite）、拉丁語、波斯語、德語、希臘語、愛爾蘭語，就地方和時間而言是不同的語言，然而事實上，全都是相關的。這就是有趣的地方：當我們調查口語之間可能的家族連結時[37]，識別所有文化需要或使用的普世概念的字詞，往往是語言學家的首要目標——而「水（water）」就符合這個條件。「水」是普世的需求和資源，被列在「斯瓦迪士核心詞列表」（Swadesh 100）之中，這是美國語言學家莫里斯・斯瓦迪士（Morris Swadesh），在針對北美原住民語言及其使用者進行實地考察期間，被收集成為普世概念的詞彙列表。

英語中的「水」（water）與泰希語中的 **uiten-** 和 **uitar**，共享相同的泛印歐語系基礎[38]，形成一套家族系列，在時間上至少可以追溯到三千五百年前，且連結歐洲西北邊緣與安納托利亞（Anatolia，譯註：又名小亞細亞，是亞洲西南部的半島，介於黑海與地中海之間）帝國的語言。沒有詳細說明隨著時間推移的聲音改變模式，梵語 *udan*、希臘語

ὕδωρ、古教會斯拉夫語（Old Church Slavonic）*vodan*、愛爾蘭語 *uisce*，全都是經過重建的「原始印歐語系」母親形式 **wódr* 的女兒。[39] 拉丁語 *unda*（意思是「波浪」）是另一個相關的後裔形式，但這個形式編碼水在運動中的概念。在像「undulate」（起浪）之類的字中，你可以更容易地識別 unda 字根。

正如說話者可以強調水的運動和方向一樣，他們時常將涉及水的參考資料編碼成一種烈酒，《牛津英語詞典》（*Oxford English Dictionary*）描述，這種詞源模式普遍存在歐洲語言中。我們從 *Uisce* 衍生出「威士忌」（whiskey），*vodan* 是「伏特加」（vodka）的字根，而拉丁語 *aqua vitae*，意思是「生命之水」，這些全都是蒸餾酒的印歐字形。

註36：B. W. Fortson, *Indo-European Language and Culture: An Introduction.* Wiley, 2011。網路版 Blackwell Textbooks in Linguistics。

註37：M. Swadesh, "Lexicostatistic Dating of Prehistoric Ethnic Contacts," *Proceedings American Philosophical Society* 96, (1952), 452–463。

註38：T. Olander, P. Widmer, and G. Keydana, "Indo-European Accent and Ablaut," Museum Tusculanum Press, University of Copenhagen, 2013。網路版 Copenhagen Studies in Indo-European。

註39：當語言學家提出重建的字與字根的原始形式時，星號（*）用於區別經過歷史證明的形式與書面形式。

所以請記住，當你噘起雙唇、要求解渴的物質時，你的嘴正在產生一種聲音模式，幾千年來，這種模式幾乎沒有什麼改變。其他說印歐語言的人也跟你現在一樣，正在發出類似的回聲，發出同一個字：water（水）。

愛麗森・艾格斯頓

對一切有生命的事物來說，水元素是生死攸關的。在魔法方面，它幫助我們療癒、觸及我們的情緒和他人的情緒、旅行、轉化。充分探索和了解水元素以及與其相關的一切，它的真實力量和終極潛力就可以被揭開。

6

水系屬性的藥草與植物

水系植物性藥材和水系植物，以若干不同的方式相關聯。首先，有與月亮相關或是與水系星座巨蟹、雙魚、天蠍相關的草本。然後有代表這個元素的草本和植物，因為它們在水中或水多的條件和環境中生長茁壯。最後，有些人認為某些植物性藥材是水生植物，因為它們結出特別多汁的果實或汁液。下述清單相當廣泛，但絕不是鉅細靡遺的。只要有可能，請隨意將你自己最愛的水系草本增加到你的輪換表之中。

請注意：有些人在攝入這些原料、乃至將它們用在皮膚上時，可能會產生負面反應。面對不熟悉的材料，請諮詢醫療專業人員且格外小心使用。

蘆薈

不起眼的蘆薈（學名 *Aloe barbadensis*）已經成為現代療癒的標準植物。在美國，它既可以局部使用，也可以用作飲料或補充劑（不過，蘆薈在某種程度上是有毒的，因此請謹慎食用）。蘆薈由九六％的水構成，因此它出現在我們的水系植物名單上也就不足為奇了。有證據顯示，蘆薈被用作藥草已有兩千多年歷史。在家中放置一株活的蘆薈植物，據說可以保護你的空間免於事故和其他不幸事件。在非洲的某些地區，蘆薈被掛在門窗附近，為的是避開邪惡之眼（evil eye，譯註：民間文化中存在的一種迷信力量：由他人的妒忌或厭惡而生，可帶來噩運或傷病）。蘆薈是維納斯與阿芙蘿黛蒂的聖物，可以在你的祭壇或神龕上當作祭品獻給她們。在魔法上，蘆薈也可以用於為愛與美運作。

蘋果樹

蘋果（學名 *Malus domestica*）是獻給赫爾（Hel）、赫卡特、莉莉絲、死亡聖神（Santa Muerte）、權戈的傳統祭品。你可以在你的神奇法術和實作中，使用蘋果的果實、花朵甚至樹皮。蘋果受金星和木星的影響，你可以配合這些行星使用蘋果。我始終把蘋果視為天生具有魔力的。在《聖經》中，蘋果被視為代表知識。如果你將一顆蘋果水平切開，它會露出一顆五芒星，這是巫術中高度珍視的元素符號。這種強而有力的水果，用於祈求愛情、浪漫、熱情、占卜、心靈連結、療癒的魔法。

白蠟木

白蠟（ash，學名 *Fraxinus americana*）是周圍最神奇的樹木之一。長久以來，它一直是製作魔杖和掃帚等靈性工具和創作的首選木材。白蠟木據說可以給予保護、實力、力量、通靈的夢、繁榮、好運。白蠟樹本身據說會吸引閃電，所以暴風雨時不要躲在白蠟樹底下。據信，白蠟樹的螺旋形芽體模仿宇宙的生命螺旋。它是古埃及人和德魯伊教僧侶（Druid，譯註：古德魯伊教是在基督教統領英國之前，在古英國凱爾特文化中占有統治地位的宗教組織）的聖樹。早期北歐神話告訴我們，白蠟樹被稱為「世界之樹」（Yggdrasil），它是連結九個世界的生命之樹。

基列香脂

基列香脂（balm of Gilead，學名 *Cammiphora opobalsamum* 或 *Populus candicans*），根據《聖經》傳說，莎巴女王（Queen of Sheba）將這種植物贈送給所羅門王（King Solomon）。花或油形式的基列香脂，是胡毒法術中的常備原料。歌曲〈基列有香脂〉（*There Is a Balm in Gilead*）是傳統的非裔美國人靈歌，可以追溯到一八〇〇年代。這首歌的起源並不完全清楚，但是許多不同的版本都說，這種香脂可以用來治癒一個人的靈魂。在魔法上，這種植物不僅可以用於療癒和與愛有關的問題，還可以用於祝聖、賜福、滌罪。

月桂樹

廚房巫術和胡毒教中，經常用到月桂葉（bay，學名 *Laurus nobilis*）。你可以用幾片月桂葉寫下愛人的名字，放在口袋裡隨身攜帶；或者，你可以用幾片月桂葉寫下仇敵的名字，然後燒掉月桂葉，移除對方對你的人生的影響。月桂樹是一種常見的室內盆栽植物，在家中種植月桂樹，據說可以防止小偷和意外事故，它被認為是奧芭塔拉（Obatala）和巴巴魯艾耶（Babaluaiye）奧里莎的聖物。

藥鼠李

這種小樹有幾種不同的品種，原產於亞洲、歐洲、北美洲和北非。許多人視之為討厭的植物，因為它可能具有侵略性。在魔法上，它是用於保護作業的植物，據說可以排斥負面性、惡魔、毒藥、邪惡之眼。傳統上，在門窗上懸掛藥鼠李（buckthorn，學名 *Rhamnus cathartica*）樹枝可以達到這個目的，它也用於移除障礙、實現你最深切的心願。

牛蒡

牛蒡（學名 *Arctium lappa*）這種植物，又名蝙蝠草（bat weed）、遮光布、乞丐的鈕扣和愛情葉（love leaves）。長久以來人們都說，隨身攜帶牛蒡根是力量和實力的一大來源，它也具有好幾種藥用特性，即使在今天，也被草藥師廣泛使用。因此，它也用於療癒以及淨化和保護的魔法。

菖蒲

菖蒲（calamus，學名 *Acorus calamus*）的常見名稱有甜旗（sweet flag）、甜草

（sweet grass）、甜燈心草（sweet rush）、桃金孃草（myrtle grass）、格拉頓（gladden）。菖蒲喜愛生長在水邊，而那也是它與水元素相關的原因。菖蒲可以用於控制和支配的魔法，以及保護、好運、療癒、實力的魔法。菖蒲被用作奧湘與奧修西（Ochosi）奧里莎的祭品。

貓薄荷

了解貓的人都知道，貓薄荷（catnip，學名 *Nepeta cataria*）可以是貓寵物的消遣性藥物。因此，它是芭絲特（Bast）以及芙蕾雅（Freya）和阿芙蘿黛蒂的聖物。貓薄荷主要用作愛情草本，它被用作引誘劑，在法術中發揮作用，將愛和激情帶到你的床上。可以將貓薄荷加到洗滌、沐浴、油配方之中，可以大大發揮上述效用。

德國洋甘菊

德國洋甘菊（German Chamomile，學名 *Matricaria recutita*），這種植物與仙女魔法有關聯，據悉可以帶來放鬆、安靜、和平的睡眠、好運、保護、溫和的愛。

椰子

椰子油和椰子肉是許多廚房裡的常見材料。椰子（學名 *Cocos nucifera*）也有許多神奇的用途，可以被用於帶來滌罪、淨化、賜福。在雷格拉路庫米宗教中，椰子往往是儀式洗滌法當中的原料，時常建議人們在剛剖開的新鮮椰子水中沐浴。椰子據說是葉瑪雅與艾蕾古阿（Eleggua）奧里莎的聖物。

款冬

這種植物是菊科的一員，自然地生長在歐洲和亞洲。數千年來，這種草本的藥用屬性一直備受讚譽，用於治療咳嗽和風寒。在魔法上，在聖燭節（Imbolc）與貝爾丹火焰節期間，款冬（coltsfoot，學名 *Tussilago farfara*）被用來為祭壇和神龕增添光彩。你可能希望在你的儀式和法術中使用款冬，祈求和平、愛、平靜、與心靈界域的連結。

紫草

琉璃苣（borage）家族的一員，有超過三十五種不同的植物俗稱「紫草」（comfrey，

Symphytum 屬）。這種草本最流行的用途是用於旅行和保護魔法。幾十年來，我一直確保在行李中納入一小片紫草，確保行李不會丟失。除此之外，紫草還有助於保護和接地工程。有些人的皮膚接觸紫草會起反應，所以第一次接觸新種紫草時，務必小心謹慎。

黃瓜

這種常見的蔬菜已經栽培了三千多年。黃瓜（學名 *Cucumis sativus*）由大約九六%的水構成，難怪它出現在我們的水系植物清單上。在魔法上，它據說可以促進愛、性慾、療癒。將黃瓜片放在眼睛上據說有助於改善心靈視界。

柏木

柏木（cypress，學名 *Cupressus sempervirens*）是在水中茁壯成長的植物之一，通常在沼澤和有水的地區繁衍，據說可以帶來療癒、保護、財富、成功的賜福。它可以用作獻給赫卡特、希拉（Hera）、雅典娜、阿芙蘿黛蒂、阿斯塔蒂、奧雅、葉瑪雅、娜娜布魯庫（Nana Buruku）的神聖祭品。

接骨木或接骨木莓

接骨木或接骨木莓（Elder或Elderberry，*Sambucus*屬），這種植物有超過二十五種不同的品種，但是「黑接骨木」在美國最為普遍。就跟在此列出的許多水系植物一樣，已知它在靠近湖濱或溪邊等有水的環境裡生長得最好。這種植物長久以來一直用於療癒。來自接骨木花或接骨木莓汁的商用調配止咳糖漿和滋補品隨處可見，據傳可以幫忙處理發燒、流感、咳嗽，也可以增強免疫系統。

古代的德魯伊教僧侶非常重視接骨木，接骨木是他們的歐甘字母（Ogham）占卜系統中使用的植物之一。在那套系統中，接骨木由五條線和字母「R」描繪。在那裡，據說它可以代表生命的輪迴，生與死、這個世界與下個世界之間永遠存在的相互作用。然而，不只是不列顛群島使用這種神奇的植物，它也被鏈接到早期的日耳曼、斯堪地那維亞乃至基督教的概念。有人稱它為猶大（Judas）樹，還說這是那位惡棍使徒選擇上吊的地方。

有許多民間信仰和迷信圍繞著這種植物。一則傳說指出，某些強大的女巫擁有變形成為這些植物的能力，為的是避免被看見。樹枝被砍斷時流出的接骨木汁液，據說是女巫們的血液。因此，砍斷這種樹是非常倒楣的，要事先詢問詳細的權限。接骨木製成的魔杖據說擁有消除負面性的力量，因此是製作儀式工具的絕佳木材。人們也用接骨木製作珠子項鍊和樂器，有助於保護以及連結到仙靈界。

德魯伊教僧侶指定這棵樹屬於第十三個月，也就是介於十一月和十二月之間的時間，剛好包含冬至耶魯節。凡是還依附著接骨木的晚期莓果，都可以用來製作威力強大的靈丹妙藥或葡萄酒，在冬至耶魯節期間，喝醉據說會帶來其他世界的預言和訊息。大量的接骨木是有毒的，所以請不要自行嘗試這種植物。六月二十四日當天慶祝的聖約翰前夕也是吉祥的時間，可以收集這些莓果，用於法術和實作，保護你免於不幸和傷害，也給予你莫大的賜福。可以用接骨木製作一副等臂十字架，繫上紅繩，然後可以將這懸掛在門窗上，防止傷害進到屋內。接骨木也是用來悼念死者以及與死者溝通的植物。在許多國家境內，人們在墳墓上種植小小的接骨木幼枝，幫助死者找到通向幸福來世的道路。

接骨木被認為是獻給赫爾、維納斯、希爾德（Hilde）女神的恰當祭品。在用於直覺、繁榮、保護、療癒、智慧、判斷、重生、轉化、去除厄運和不祥之物、驅逐、驅邪的魔咒和儀式方面，接骨木是有價值的成分。

桉樹

桉樹（Eucalyptus，學名 *Eucalyptus globulus*），這是那些已經切入一般實務做法的療癒草本之一。你甚至可以購買內含這種神奇成分的止咳滴劑。除了它的療癒能力之外，已知桉樹可以促進全神貫注、聚焦、清明、平衡、占卜、心靈能力。你也可以在魔法的實作中，用它來幫忙緩解焦慮和恐慌發作。它被認為是奧芭塔拉與巴巴魯艾耶奧里莎的聖物。

梔子花

這些白花據說象徵愛、奉獻、聖潔、靈性連結。維多利亞時代的花語說，梔子花（學名 *Gardenia jasminoides*）代表祕密的戀愛事件。如果你很驚訝你家門口有梔子花，那麼你的祕密愛慕者已經前來呼喚了。由於梔子花與愛情魔法的連結，它們時常用於婚禮花束和布置。你可以在沐浴、地板清洗、儀式用油之中使用梔子花油，或是將實際的花放在祭壇或神龕上。它被認為是愛希絲、赫卡特、阿芙蘿黛蒂、觀音、奧芭塔拉的聖物。這種水元素植物有許多用途，可以很容易地在家種植，無論是在室內還是戶外。

帚石楠

帚石楠（heather，學名 *Calluna vulgaris*），這種植物，也稱作「ling」或「蘇格蘭石楠」（Scotch heather），生長在歐洲、亞洲、格陵蘭島、北美洲。傳統上，它一直被用來製作掃帚、刷子、籃子，甚至被用作建築材料，在蘇格蘭高地區打造小型建築物。它的植物學名稱 Calluna 來自希臘字 *kalluno*，意思是「掃除」。因此，小束帚石楠可以綁在一起製成掃帚或鞭子，跟你的儀式用水和洗滌液一起派上用場。著名作家羅伯特・路易斯・史蒂文森（Robert Louis Stevenson）在他的頌詩〈石楠花麥酒〉（*Heather Ale*）中寫道：

> 從嬌美的帚石楠花，
> 他們釀造往昔的酒，
> 甜味遠勝於蜂蜜，
> 烈度高過葡萄酒。[40]

顯然，好幾個世紀以來，人們一直重視這種怡人花朵的好處。在你的魔法中，它可以用於祈求好運、成功、自我控制、保護、滌罪、傾慕、熱情、實現願望。帚石楠據說特別受仙女們珍視，可以作為祭品送給她們。有些人甚至相信，帚石楠打開我們的世界與仙靈世界之間的大門。它也被認為是愛希絲、希栢利（Cybele）、維納斯、艾蕾古阿的聖物。在愛爾蘭境內，香和帚石楠祭品被用於帶來與已故之人的交流。白色帚石楠被認為特別吉祥。

風信子

風信子（學名 *Hyacinthus orientalis*）是春天最芳香怡人的花朵之一。可以的話，我願意每天沐浴在它的芬芳中。它們開的花以絕對燦爛的顏色排列——藍、紫、粉紅、白、黃色。在魔法上，它們有助於心智的喜悅、快樂、恬靜、和平，擺脫壓迫、移除負面性，它是葉瑪雅奧里莎的聖物。

註40：Stevenson, *Ballads*, 67–68。

鳶尾

有大約三百種不同種類的鳶尾。鳶尾（*Iris* 屬）被認為受月亮支配，因此對占卜和其他心靈工作非常有用，據說帶來信心、勇氣、莫大的智慧。使用的通常是鳶尾的根，叫做「香根鳶尾」（orris root）。在花園裡種植鳶尾時，請記住它們在潮濕的土壤中茁壯成長，尤其是在盛開的時候。在希臘的萬神殿裡，伊麗絲（Iris）是掌管彩虹和大海的女神。她擔任各世界之間的信使，乘著彩虹傳遞重要的字詞和信息。因為這點，鳶尾現在依舊在魔法上用於溝通交流，尤其是在發送愛的訊息時。此外，鳶尾用於愛、浪漫、保護、心靈力量、占卜。它們作為祭品獻給艾吉莉・芙蕾妲・達荷美，也獻給希拉、阿芙蘿黛蒂、維納斯。（參見「香根鳶尾」）

愛爾蘭苔蘚

愛爾蘭苔蘚（Irish Moss，學名 *Chondrus crispus*）不是苔蘚，而是藻類或海草。愛爾蘭苔蘚是周圍水分最多的植物之一。歷史上，它一直被用於釀造，常見於與大西洋接壤的所有土地上。這種植物的魔法用途，包括賭運、保護、旅行安全、經營成功。它被用作獻給布麗姬、阿芙蘿黛蒂、布麗姬媽媽（Maman Brigitte）的祭品。

常春藤

常春藤（學名 *Hedera* 屬）是世界大部分地區常見的庭園植物。雖然有幾個不同的種類屬於這個名稱，但是英文的 ivy 被歸類為 *Hedera helix*，是最受歡迎的物種之一。已知常春藤是有毒的，所以不要攝取這種植物。這種植物深深植根於魔法，它是亞莉阿德妮（Ariadne）、阿麗安蘿德（Arianrhod）、阿緹蜜絲（Artemis）、巴克斯、戴奧尼修斯（Dionysis）、歐西里斯的聖物。

常春藤是詩人與藝術家的最愛，一八六二年，克里斯蒂娜・羅塞蒂（Christina Rossetti）寫下了下述關於常春藤的字句：

哦，玫瑰代表青春的紅暈，
而月桂代表完美的壯年；
但為我折一根常春藤枝
在我臨終之前慢慢變老。[41]

註[41]：Gifford, *The Wisdom of Trees*, 109。

在大部分地區，常春藤在室內和戶外都很容易生長。在自家周圍種植常春藤據說有助於保持每一個層面的安全。據說，如果常春藤在你的宅邸上茁壯成長，你就會成功興旺。除了成功之外，常春藤在祈求忠誠、關係、生育能力、保護、健康的魔法方面也很有用。由於它能夠在許多不同的環境中茁壯成長，因此可以教導我們堅持不懈的價值，也可以用於提升你的法術的速度和成效。

茉莉

大約有兩百種不同物種的植物以茉莉（學名：素馨〔*Jasminum*〕屬）的名字為人們所熟知。它的名字起源於波斯語，大略翻譯是「來自神的禮物」。這種植物在占卜、心靈連結、喜悅、快樂、療癒、愛、豐盛的魔法中非常有用，據說可以幫忙刺激和療癒心輪。茉莉被認為是安亞（Aine）、阿芙蘿黛蒂、芭絲特、黛安娜、赫卡特、伊什塔爾、維納斯、奧倫拉（Orunla）的聖物。茉莉花據說是被月亮守護的，有時候被賦予這個詩意的名字：「樹叢上的月光」（moonlight on the grove）。

檸檬

檸檬（學名 *Citrus limonum*）是朱諾（Juno）、露娜（Luna）、葉瑪雅的聖物。民間魔法告訴我們，要在餐桌旁的每一把椅子底下放一片檸檬，才能保持賓客之間的和平。這種植物的汁液、葉子或果實都可以使用。在你的魔法咒術和製作配方中，檸檬可以幫助給予愛、浪漫、喜悅、和平、保護、滌罪的賜福。

檸檬香蜂草

檸檬香蜂草（lemon balm，學名 *Melissa officinalis*），這種令人愉快的草本自古以來就有人使用，它是阿緹蜜絲和葉瑪亞的聖物，有許多神奇的用途。你可以將它添加到祈求實力、冷靜、智慧、愛、熱情、喜悅的法術和儀式之中。

甘草

甘草根是許多藥物和糕點糖果的原料，有時候甚至用於為菸草調味。對於懷孕、哺乳期或患有心臟病的人們來說，甘草（licorice，學名 *Glycyrrhiza glabra*）是禁用的。跟往常一樣，攝取之前先諮詢一下內科醫師。甘草用於命令、強制、操控的法術，然而，這些運作往往產生有問題的結果，因此務必謹慎操作。在魔法上，它也被用於為熱情、愛運作，以及與死者互動。在希臘、西班牙、義大利、伊拉克、敘利亞、俄羅斯乃至中國，都可以找到這種植物恣意生長。幸運的是，你也可以在家中種植它。播種前，務必澈底浸泡種子，這麼做將會幫助它們更快速、更有效地發芽。

歐丁香

成長過程中，歐丁香（lilac，學名 *Syringa vulgaris*）是少數經常出現在我家的鮮花之一。它是我祖母的最愛，儘管祖母脾氣暴躁，卻時常因為歐丁香怡人的氣味而平靜下來。歐丁香芳香的花朵也受到許多類型的蝴蝶喜愛，以及奧湘和葉瑪雅奧里莎、還有墓地「羅瓦」布麗姬媽媽的喜愛。歐丁香據說擁有將鬼趕出你的住宅的能力，以及帶來保護和正能量的能力。歐丁香也可以用於占卜和擷取前世的知識。

百合

有一日百合（daylily）、睡蓮、馬蹄蓮（calla lily），僅舉幾例。每一種百合（學名：*Lilium* 屬）都顯化出自己獨一無二的魔法類型。一日百合據聞有助於分娩和養育，當你設法忘記你的煩惱和憂心時，一日百合也很有用。百合通常與聖母瑪利亞以及希拉、朱諾、維納斯、奧芭塔拉、奧湘有關。你可以在你的魔咒和儀式中使用它們，可以賦予熱情、生育能力、愛、分娩、進步、發展、希望、信仰、更新、憶起。在與死者溝通的儀式中，百合也是有助益的。

半邊蓮

它的小花特別得到仙女們的喜愛。半邊蓮（lobelia，學名 *Lobelia erinus* 或 *Lobelia inflata*）用於愛情、浪漫、保護、淨化、天氣魔法的運作。將半邊蓮朝即將到來的風暴方向扔去，可以改變風暴的路徑。

蓮

蓮（學名 *Nelumbo nucifera*）用於占卜、靜心、療癒、保護的運作，它也用作祭品，獻給海洋之神葉瑪雅、河流之神奧湘以及女神愛希絲。

異株蕁麻

異株蕁麻（nettle，學名 *Urtica dioica*），也稱為燒榛子（burn hazel）、燒雜草（burn weed）或魔鬼的玩具（devil's plaything），是一種因它的刺而聞名的植物。異株蕁麻用於破除魔法、移除厄運、保護、驅邪。

香根鳶尾

這是在法術和實作中很流行的原料，它的另一個名稱是「女王根」（Queen Elizabeth root）。香根鳶尾（orris root，學名 *Iris germanica* 和 *Iris pallida*）主要用於愛情、浪漫、心的療癒、保護。你也可以用它結合心輪。它是獻給艾蕾古阿與奧倫拉奧里莎的傳統祭品。

西番蓮

顧名思義，這些花用於帶來熱情、愛、感官愉悅。在這個分類中，有許多植物都擁有這個名字。它們據說可以移除負面性和疾病，同時將你的能量調整到更高的振動和心靈知識。西番蓮（passionflower，*Passiflora* 屬）也被用作獻給權戈奧里莎的祭品。

桃

大部分的廚房女巫都熟悉美味的桃子（學名 *Prunus persica*）。考古證據告訴我們，從大約西元前兩千年開始，就有人吃桃子了。它們在中國文化中尤其珍貴，據說被賦予生命力。桃的花、木、果實都被用於魔法。桃木用來製作魔杖和探測棒（dowsing rod，譯註：又稱「尋龍尺」），而吃桃子據說可以營造出愛的氛圍。桃被認為是阿芙蘿黛蒂、芙蕾亞、哈索爾（Hathor）、維納斯、奧湘的聖物。它們被用於祈求浪漫、激情、感官追求、生育能力、長壽、滿足欲望。

長春花

巫師紫（Sorcerer's violet）是這種精緻寶藏的另一個名稱，長久以來，它一直是女巫們的最愛。長春花（periwinkle，學名 *Catharanthus roseus*）可以賦予和平、恬靜、和諧、金錢、成功、愛、熱情、心靈知識。民間傳說：失去孩子的父母應該把長春花種在孩子的墳墓上，幫助孩子療癒並保持美好的回憶。

緬梔花

緬梔花（plumeria，學名 *Plumeria rubra*）的香味是我的最愛。自十七世紀以來，香水業一直在使用緬梔花。緬梔花又名雞蛋花（frangipani），據說它有助於刺激頂輪，打開對其他世界的接受能力。在魔法上，它可以使一個人敞開來迎接感性，吸引愛，提升自信，注入內在的和平。

罌粟籽

罌粟（poppy seed，*Papaveraceae* 屬）用於歡愉、成功、占卜、療癒、悼念死者，以及隱身的法術，它們也用於迷惑和戰勝成癮的法術。反諷的是，罌粟也是製造鴉片和海洛因等成癮藥物的主要原料。這種精緻美麗的花朵和種子，被用來向赫卡特、阿芙蘿黛蒂、許普諾斯（Hypnos）、狄蜜特（Demeter）、波瑟芬妮（Persephone）、維納斯、妮克絲（Nyx）致敬。

石榴

石榴（pomegranate，學名 *Punica granatum*）與女神波瑟芬妮以及她的冥界故事相關。透過這則黑暗與光明的故事，石榴因此惡名昭彰。石榴也可能是其他史詩冒險的主角：某些理論家認為，伊甸園內的水果其實是石榴，不是蘋果。這種水果用於祈求豐饒、繁榮、豐盛、金錢、保護、占卜、知識、智慧的魔咒和儀式中。一些魔法修習者甚至在儀式和配方中，使用石榴汁代替血液，被視為阿斯塔蒂、波瑟芬妮、塞克美特（Sekhmet）等女神們的聖物。

玫瑰

玫瑰（*Rosa* 屬）在幾乎所有文化中都是愛情的代表。就連非魔法人士也用玫瑰來象徵彼此的愛，增強他們的浪漫追求。玫瑰可以當作祭品獻給奧湘、葉瑪雅、龐芭・姬拉（Pomba Gira）、阿多尼斯（Adonis）、芙蕾亞、哈索爾、赫卡特、狄蜜特、愛希絲、死亡聖神，以及許多其他神性的顯化。除了愛，玫瑰也可以用於你的占卜、心靈連結、療癒、幸運、保護、滌罪等等的儀式和法術施作中。猶太和伊斯蘭的民間傳說，都講述了玫瑰揭示真相的能力，所以你也可能希望基於這個目的而考慮使用玫瑰。

製作一克玫瑰油需要兩千多朵玫瑰，因此玫瑰油非常珍貴且價格昂貴。我經常在我的儀式性沐浴和洗滌法之中使用玫瑰水，作為替代方案。甚至很容易從美食商店和零售商那裡取得食品級玫瑰，可以用於你的廚房女巫創作。即使玫瑰並不被認為是廚房裡的傳統原料，但我喜歡盡可能地用玫瑰入菜，我發現它為食物和所有吃它的人帶來一份充滿愛意的和諧。玫瑰花和花瓣也為你的祭壇和神龕增添美麗。

耶利哥薔薇

耶利哥薔薇（Rose of Jericho，學名 *Selaginella lepidophylla* 或 *Anastatica hierochuntica*）的神奇力量在於，將它放入水中，它會復活。耶利哥薔薇也被稱作復活植物，擅長更新已經死亡或停滯的事物。這可能是你的財務、生意、愛情、關係或健康相關的課題。

藥用鼠尾草

有一千多種植物被稱作鼠尾草。藥用鼠尾草（sage，學名 *Salvia officinalis*，common sage）是最常用於烹飪的一種，也可以應用在各種魔法。白鼠尾草（*Salvia apiana*）也用於神聖的目的。孕婦和哺乳期的母親應該要注意，鼠尾草可以減少乳汁分泌。[42] 最近，鼠尾草已經成為最有人氣的女巫草本之一。鼠尾草據說在與第三眼、頂輪、本我輪合作時頗有助益。在魔法上，你可以將鼠尾草用於法術和實作之中，以此移除負面性、趕走惡夢、獲得清明、移除小我陷阱、讓自己在宇宙裡歸於中心、吸引金錢。幾乎沒有什麼是鼠尾草做不到的。它是女神布麗姬與赫卡特、男神宙斯與朱彼特、奧里莎奧芭塔拉與艾蕾古阿的聖物。

檀香

檀香（學名 *Santalum album*）是一種木材，在魔法中用於保護、滌罪、心靈連結、成功、喜悅、療癒。檀香在世界各地都有人使用，而且在印度、中國、西藏、埃及其他地方，已經成為儀式流程的一部分。檀香被認為是受月亮支配的植物，因此你可以基於這個目的在你的占星咒語中使用它。檀香也是獻給芙蕾亞、莉莉絲、維納斯等女神以及奧雅、權戈、葉瑪雅等奧里莎的合適祭品。最受歡迎的檀香用法是，燃燒檀香樹脂或香；事實上，在印度教寺廟中，檀香的煙是淨化儀式工具和物品的常用方法，在那裡，它叫做 **chandan**（即「檀香」）。檀香的煙據說也有助於靜心冥想和專注聚焦，因此時

註42：Simpson, "4 Things That Can Decrease Your Milk Supply"。

常添加到其他混合物中，以提高其效力。

不幸的是，這是一種目前面臨威脅的草本，尤其是印度檀香，已遭過度採伐，正瀕臨滅絕。請警覺且負責任地購買你的魔法用品。

留蘭香

在西班牙文化中，留蘭香（spearmint，學名 *Mentha spicata*）被稱作 yerba buena，意思是「好草本」。而留蘭香確實是好草本，因為它用於保護、剛毅、愛、清明、心靈知識、療癒、靈性淨化。顧名思義，它是薄荷家族的一員，名字源自於葉子形狀像小小的矛。也有許多法術用留蘭香來消除負面性和壞能量。留蘭香被獻給阿芙蘿黛蒂、普路托（Pluto）、葉瑪雅、艾蕾古阿、權戈。

香豌豆

香豌豆花是維多利亞式花園內的標準配置，今天仍舊大受歡迎。香豌豆花有許多顏色：粉紅、紅、白、堇菜紫或紫色。它們原產於地中海區，但在其他地區也很容易培育。香豌豆（sweet pea，學名 *Lathyrus odoratus*）被用於友誼、愛情、親情、移除不想要的防禦等法術和實作中。在花語中，香豌豆據說意謂著「再見」。習慣上，香豌豆是獻給奧湘奧里莎的祭品。

菊蒿

菊蒿（tansy，學名 *Tanacetum vulgare*）是菊科（Daisy）的一員，據說可以同時驅除害蟲且促進健康和療癒。菊蒿也被稱作「仙女鈕扣」（fairy button）或「苦痛鈕扣」（bitter button），傳統上被用作喪葬草本，用於為死者做準備。菊蒿內含一種叫做「側柏酮」（thujone）的有毒化學物質，所以切勿食用，在你的魔法中使用它時，請小心翼翼。由於菊蒿與死亡相關聯，因此也被說是促進不朽和長壽的草本。菊蒿主要用於保護一個人安全，免於疾病和不適，而由菊蒿製作的煙燻火堆，往往用來淨化和保護住家。同樣地，大枝菊蒿被綁在門窗上也是基於同樣的目的。當菊蒿種在你家附近時，據說可以趕走風暴和閃電。菊蒿據聞是聖母瑪利亞的聖物。

普通百里香

普通百里香（thyme，學名 *Thymus vulgaris*）是常見的烹飪草本，也有許多魔法的應用。在法術和儀式中，普通百里香可以用於療癒、忠誠、親情、愛情、浪漫、勇氣、占卜、心靈力量、法律問題、悲慟、保護等方面，已經在世界許多不同的地區使用了好幾個世紀。在古埃及，被用作死者的草本，常被囊括在喪禮和葬儀之中，而在古羅馬，政治家和軍事領袖食用它，為的是防止中毒。在維多利亞時代的英格蘭，種植普通百里香被認為意謂著仙女們的臨在。

零陵香豆

這些怡人的豆子，原產於中美洲和南美洲的某種開花樹木的產物。使用零陵香豆（tonka beans，學名 *Dipteryx odorata*），作為烹飪材料最近重新流行起來。歷史上，在製作香草精時，零陵香豆被作為一種十分珍貴的原料，直到一九五四年才被禁止。零陵香豆是有毒的，但那並沒有阻止人們繼續將它們用作法術和藥劑中不可食用的成分。這些幸運的豆子是頗有人氣的胡毒物品，用於顯化你最大的欲求和心願。當用於祈求愛情、浪漫、伴侶關係的法術時，零陵香豆特別有效。

纈草

纈草（valerian，學名 *Valeriana officinalis*），最常使用的是這種植物的根，它的另一個名稱是「汪達爾根」（vandal root）。它的氣味強烈而獨特，在法術施作中常是麝香或其他動物成分的替代品。它可以用於祈求療癒、和諧、實力、睡眠、平靜、將壞情境轉變成好情境等工作。纈草根也用作獻給阿芙蘿黛蒂、赫莎（Hertha）、維納斯的祭品。

香草

就跟所有其他蘭花一樣，香草植物是由金星守護。它因擁有美麗、清明、溝通、療癒、愛、喜悅、心靈知識、賦權、能量等神奇特性而聞名。香草（vanilla，學名 *Vanilla planifolia*）在古墨西哥文化中備受珍視，被用作珍貴的美容助劑和春藥。它被認為是獻給莉莉絲、赫卡特、奧湘、艾蕾古阿的神聖祭品。

香菫菜

我們很幸運，香菫菜（violet，學名 *Viola odorata*）在世界許多地方都瘋狂地生長。

這種花有五百多種不同的種類，大部分的顏色是白、黃或熟悉的紫色。這些小小的寶藏，據說可以在愛情、欲望、簡單、寧靜、和平、好運等方面賦予成功。古希臘人據說用這些花來促進平靜的睡眠和美好的夢境。在花語中，香堇菜的意思是「忠誠」，它們與仙女和孩童有關聯。香堇菜是可食用的，因此可以為你的廚房女巫創作錦上添花。

柳樹

巫術與柳樹（willow，學名：*Salix* 屬）是密不可分的。女巫的掃帚傳統上是由柳枝製成的，也可以用柳枝製成魔杖。柳樹在水邊長得很好，在湖濱與河邊茂盛茁壯。樹枝據說也可以製作很好的探測棒，具有找到水和隱藏物體的能力。它是凱爾特歐甘字母中使用的植物之一，代表第五個月。柳樹被認為是阿緹蜜絲、布麗姬、凱莉德雯（Cerridwen）、黛安娜、赫卡特、波瑟芬妮、露娜、賽琳娜（Selena）、布麗姬媽媽的聖物。柳樹與月亮相關，據說可以神奇地促進通靈夢、占卜、同理心、施魔法、星光旅行、悲慟、療癒。已知柳樹也可以提供溫和、平靜、充滿愛的氛圍。活性成分水楊酸（salicylic acid），長久以來一直用於製造阿斯匹靈，因此即使是傳統醫學也承認這種植物的療癒價值。

依蘭

依蘭（Ylang-ylang，學名*Cananga odorata*）人稱「花中之花」，這種強大的植物，因為替你的魔法帶來強烈的熱情、真正的愛、平靜、成功、遠見、機會、喜悅、不可抗拒的品質而聞名，它可以用作獻給阿蕾古阿和奧湘的祭品。

這份清單只是一個開始。它應該被視為強大的基礎，適用於你的水系魔法中的眾多草本和植物性藥物。不妨考慮將它們納入你的魔法花園中，當作祭品留在你的祭壇上或大自然中，或是將它們併入你的魔咒和配方之中。

7

水系屬性的水晶與礦石

水系水晶、寶石、貝殼，可以為你的水系祭壇或神龕增添美麗。它們也可作為佩戴的珠寶，用於製作水晶陣，添加到藥物或魔法袋（mojo bag）之中，放在口袋裡帶著走，放在枕頭底下，或以任何其他方式使用，將它們的能量和影響帶進你的生命中。水系水晶，將有助於賦予你的魔法扎根接地或泥土的能量。

曾經是液體的水晶與寶石

有些水晶和寶石與水有關，因為它們曾經是液體形式，琥珀就是一例。其他寶石因為是藍色而使它們與水有關聯。一些水晶最終與水有所連結，因為它們是在水中形成的。儘管如此，並不是每一顆水晶在水中都無往不利，甚至可能在水中是有毒的，所以將水晶放入飲料或浴缸之前，請先檢查一下。

變石

這種水晶是一種綠柱石（beryl），據說在許多層面都有幫助，帶來喜悅、創意、直覺、心靈能力，有助於欲望的顯化。它是現存最堅硬的寶石之一。變石被認為非常罕見，某些時候，它比鑽石還要昂貴。我有一位朋友非常幸運，他在某次房地產拍賣時找到一些變石（Alexanderite）。變石最初是以著名的俄羅斯王子亞歷山大二世（Alexander II）的名字命名的，因為變石是在一八三〇年這位王子生日當天發現的。攜帶這塊寶石，據說可以吸引極大的好運以及與神性的直接連結。

琥珀

琥珀（Amber）其實不是石頭，而是植物樹脂的硬化形式。你可能得到有植物乃至昆蟲，被困在樹脂中且之後隨著時間而冷凍的琥珀。與黑煤玉（jet）結合時，琥珀被視為女巫的寶石。在魔法中，琥珀可以用來獲得智慧、療癒、長壽、保護、滌罪、美和愛，可以在與你的本我輪互動時使用。許多人將琥珀用作保護孩童的療癒符咒，尤其是在孩子長牙時（要小心別讓寶寶吃了琥珀）。琥珀被認為是女神芙蕾亞與奧湘奧里莎的聖物。

紫水晶

紫水晶（Amethyst）據說可以幫助你與更高界域連結，也在每一個情境中賦予你洞見。有遠見的達文西相信紫水晶可以增強智能，它也有助於賦予心智清明、靈性連結、快樂幸福、浪漫、自愛、自我覺察。

藍銅礦

一看到這顆充滿生氣、人稱「藍銅礦」（Azurite）的藍色水晶，你就可以看見它的魔力。藍銅礦因為它的深藍顏色而得名，很可能這是許多人將它與水元素相關聯的原因。藍銅礦據說有助於直覺、清明、洞見、靜心、恬靜、和平、情緒療癒、星光旅行。儘管它與水相關聯，但你應該讓這塊石頭遠離水，因為它遇水有解體的傾向，可以用於結合頂輪、喉輪、心輪。

綠柱石

綠柱石（Beryl）實際上是一個寶石家族，包括海藍寶石（aquamarine）、變石、祖母綠、摩根石（morganite）、紅綠柱石（bixbite）等等。四千多年來，它一直備受珍視，視之為療癒、希望、幸福、關係和諧的來源。就跟許多水系水晶一樣，它被用來驅除惡魔和惡靈。

藍色方解石

方解石的所有顯化，據說都有助於靈性、情緒、物質身體的成長，可以用於提升創造力、希望、勇氣、成功、視界、心靈知識。藍色方解石（Blue Calcite）可以用來與喉輪和頂輪一起運作。這顆寶石將會協助各個層面的溝通。將一顆藍色方解石放在你的枕頭或床底下，可以帶來預言的夢以及記住夢境的能力。還有一種在家中或工作場所保留一顆藍色方解石的習俗，可以防止小偷竊取你的財產。

藍玉髓

這種石頭在靜心冥想時特別有幫助，據說可以賦予心智、身體、靈的和諧。已知玉髓還可以幫助溝通、憶起前世、啟動喉輪。有些人還建議，將藍玉髓（Blue Chalcedony）給孩童，可以幫助緩解焦慮、恐懼、神經質。藍玉髓產於印度、土耳其、巴西、馬達加斯加。

矽孔雀石

最常見的矽孔雀石（Chrysocolla）是帶綠的亮藍色，但是矽孔雀石也顯化成棕色或黑色。其形相絢麗多彩，因此這是一顆在各個層面都能遂行溝通的石頭。它幫助一個人說出自己的真理，對療癒和刺激喉輪尤其有好處。努力平衡喉輪和心輪時，不妨使用它達致清明而有愛的連結和溝通。在美國境內，矽孔雀石產於賓州、猶他州、新墨西哥州、亞利桑那州。經常發現矽孔雀石時與石英、孔雀石（malachite）以及其他水晶混合在一起。

珊瑚

珊瑚是這份清單上少數真正來自海洋的東西之一。有許多不同類型的珊瑚，每一種都攜帶自己的特殊屬性。有紅色、棕色、藍色、黑色的珊瑚。

祖母綠

身為綠柱石家族的另一個成員，祖母綠（Emerald）是流行的珠寶和裝飾寶石。被視為獻給克瑞斯（Ceres）、愛希絲、毘濕奴等神明的特殊寶石。埃及神托特（Thoth）據說擁有祖母綠寶石板，揭示偉大的魔法智慧與奧祕。祖母綠也被稱作真理之石，據說也可以帶來好運、心靈視界以及從情緒創傷和分手中得到治癒。因為它連結到心輪，所以許多人將祖母綠視為愛情和伴侶關係的寶石。有些人甚至相信，如果祖母綠突然變色了，表示你的伴侶已經不忠或不誠實。在許多方面，這顆半寶石的重點都在於平衡，包括你自己內在的平衡以及關係中與他人的平衡。

綠色方解石

方解石時常與水有關聯，而綠色方解石（Green Calcite）是其中一類。它幫助療癒焦慮、神經質、心智失衡。綠色方解石還有助於擺脫不再有用的事物，以及戰勝信任課題。佩戴它可以幫助療癒，但是綠色方解石必須時常在靈性上得到淨化。

玉石

玉有許多不同的顏色，但綠色是最常連結到水元素的顏色。玉在各個層面代表愛：神聖之愛、自愛、浪漫之愛等等。它與女神觀音有關，而觀音是愛與慈悲的燈塔。玉也被視為非常幸運的石頭，帶來清明和洞見。

黑煤玉

黑煤玉（Jet）因其完全轉化負面情境的獨特能力而備受珍視。它的操作像能量過濾器，擁有保護和滌罪的能力。你甚至可以使用黑煤玉來掃除，以其能量清理其他寶石。

青金石

一般而言，青金石（Lapis Lazuli）是最流行的魔法石之一，而且特別能與水合作，用於愛、療癒、心靈力量、連結。

月光石

月光石（Moonstone）直接受水和月亮的支配。眾所周知，它是一塊可以給予愛、快樂、喜悅的石頭，而且敞開你的心智，迎接意外之喜和洞見。佩戴月光石或將它放在枕頭底下時，可以為你不安的情緒帶來平靜和療癒。

珍珠母

被稱作「珍珠母」（Mother-of-Pearl）的這些石頭，實際上是由珍珠貝和鮑魚殼的內襯製成的。在許多不同的文化中，它們都備受珍視，而且已被利用了好幾千年。在埃及的金字塔中甚至挖掘出珍珠母製品。在古代，羅馬人攜帶小小的珍珠，為的是確保水上旅行順遂。今天珍珠母仍舊被用於帶來繁榮、聚焦、滌罪、保護、連結到更高界域。珍珠母也被用於驅逐和蛻變負能量，它用於珠寶中，可以製作鈕扣等配件，也可以鑲嵌在家具中。

黑曜石

黑曜石（Obsidian）這種石頭是由熔化的火山熔岩製成的，熔岩極速冷卻，於是凝固成晶體。最常見的形相是黑色，但也可以是彩虹色或藍色、綠色、棕色，或是帶銀色或金色光澤。就跟水元素一樣，據悉可以揭露隱藏的東西。也可以移除負面性、抑鬱、不必要的障礙，治癒難熬的情緒。黑曜石連結到黃道十二宮的天蠍座。

蛋白石

所有蛋白石（Opal）都具有水的特性，但是「玻璃水蛋白石」（hyalite water opal）與水元素尤其有關聯。蛋白石與希望、喜悅、幸運相關，也被譽為洞見和心靈連結的放大器。

珍珠

珍珠比任何其他寶石和水晶，都更加屬於這份水系寶石和水晶清單。珍珠實際上是石頭，在海生軟體動物內部生長。成長的過程中，我被教導珍珠可以代表好運，也可以代表壞運。這些小小的寶藏已經被珍視了數千年。珍珠與水和月亮都有連結，據說可以為佩戴者帶來繁榮、幸運、愛。許多傳說都談到珍珠的力量，其中最著名的神話之一告訴我們，珍珠是由牡蠣吞下的雨滴形成的。有些人甚至相信它們來自《聖經》中夏娃的眼淚——她被迫離開伊甸園時哭泣的眼淚。

貴橄欖石

我始終認為，貴橄欖石（Peridot）的獨特顏色是一種奇怪的綠色。這顆石頭的名字來自希臘語 *peridona*，意思是「豐盛」，據說也是對抗邪惡之眼的強大符咒。幾千年來，它一直備受珍視，因為它的美麗，以及可以帶來成功、清明、友誼、愛、保護。據說拿破崙皇帝也將貴橄欖石製成的珠寶送給約瑟芬，象徵他不朽的愛和奉獻。

河瑪瑙

河瑪瑙（River Agate）有許多不同類型的瑪瑙，而且許多是以它們被發現的河流和其他水體命名的。有「薩凡納河仙境瑪瑙」（Savannah River Fairyland Agate）、「蘇必略湖瑪瑙」（Lake Superior Agate）、「洞溪瑪瑙」（Cave Creek Agate）、「中國湖羽狀瑪瑙」（China Lake Plume Agate），僅舉幾例。瑪瑙據說可以促進和諧、關係、愛、幸運、成功。

河石

在地質上，這種石頭與石灰石有關。它在世界各地蘊藏都很豐富，幾乎在任何地方都找得到。河石（Riverstone）據說可以幫助提升運氣、成功、幸福，以及療癒難熬的情緒狀態，促進你生命中快速而必要的改變。佩戴河石，可以使一個人的心智與身體在深邃的層次上返老還童。

薔薇石英

薔薇石英（Rose Quartz）是常用於接通個人和神聖的愛、友誼、療癒的水晶。薔薇石英常被稱為「心石」（heart stone），幾千年來一直備受珍視，視之為愛的護身符。它與水有關聯，可以用於接通情緒。薔薇石英可以用作儀式的祭品，獻給芙蕾亞、葉瑪雅、維納斯、愛希絲、哈索爾以及好幾位其他神明。這種古老的水晶，受到許多女神的珍視，被用於接觸神聖女性的所有面向。

紅紋瑪瑙

紅紋瑪瑙（Sardonyx）水晶，產於俄羅斯、印度、巴西以及亞洲部分地區，它營造出歡悅、樂觀、勇氣的氛圍。

方鈉石

這是另一種發現與水有關的藍色石頭。對權力說真話時，方鈉石（Sodalite）是最好用的寶石之一，據說可以連結你的思想與你的感受。它有時候被誤認成青金石（青金石內含金色斑點和亮點）。重視這種石頭的不只是西方文化，它也用於「風水」中，代表水元素，有助於事物移動和轉化。

舒俱徠石

舒俱徠石（Sugilite）於一九四四年才在日本被發現，而後基於許多不同的原因，迅速竄紅。它是偉大的水晶，可以統一心與腦，幫助療癒心輪和頂輪，清理它們，讓它們重新校正對齊。

黃玉

黃玉（Topaz，藍色）水晶據說可以帶來好運、智能、美麗、療癒、自愛、長壽。

有些人稱之為「作家的石頭」，因為認為可以移除作家的障礙和培養創造力，據悉可以刺激喉輪和第三眼脈輪。

碧璽

這種石頭可以在美國、巴西、斯里蘭卡、奈及利亞、肯亞、阿富汗找到。嘗試轉化行不通的情境時，碧璽（Tourmaline，藍色）是最好用的寶石之一。許多人習慣看見黑碧璽（Black Tourmaline），但碧璽也有令人驚嘆的藍色。藍色碧璽，又名「藍綠碧璽」（indicolite），有助於提升一個人的意識，幫助保護並賜福於個人。這種碧璽與喉輪互動效果尤其好。可以用來成為更好的溝通者，包括在靈界和世俗世界。這顆石頭很適合連結靈的生生世世與前世回憶，據說也可以帶來財富和成功，也可以提升記憶力。

土耳其石

因為強烈的藍色，許多人將土耳其石（Turquoise）與水聯想在一起。事實上，它是由水穿過銅和鋁的沉積物創造出來的。在魔法上，土耳其石據說可以賦予療癒、喜悅、幸運、長壽。土耳其石在許多不同的文化中都非常珍貴，包括美洲原住民、埃及人等等。土耳其石的英文名本身來自法語，意思是「土耳其的」。

神聖的貝殼

任何關於水系魔法的綜合性書籍，都必須談論貝殼。它們就像水的能量的固態顯化，是來自壯麗大海的真正禮物。許多人收集貝殼，甚至有專賣貝殼的商店。不同的貝殼顯然攜帶不同的訊息和意義。

有許多方法可以將你最喜愛的貝殼融入你的魔法。貝殼可以直接放在你的儀式用祭壇或神龕上，當作燭台、香爐、盛水的容器、以及許多其他方式。它們可以單獨使用，也可以在水晶陣中與水晶們合作，水晶陣利用神聖幾何學的力量。儀式浴以及地板清洗法，也是在魔法中使用貝殼的絕佳方法，要確保在使用前將它們澈底沖洗乾淨。

本書中有許多包含貝殼的法術和藥劑，但請隨意運用你的直覺，在「靈」推動你的時候，精心製作你自己的法術和藥劑。占卜的時候，貝殼也可以成為有用的附加用品。在非洲傳統的「伊法」宗教中，寶螺殼（cowrie shell）被用於占卜。如果你非常渴求，也可以用貝殼製作自己的符文集。使用相對一致的物品且定期用海水清洗，祈求達致最佳結果。另一個有用的想法是，只用貝殼本身製作你自己的占卜集。讓自己熟悉貝殼的基本屬性後，將它們放入一只袋子；然後你可以隔袋摸取貝殼，這有助於找到指引和洞見，明白你的特定情境。其實，如何在你的魔法的各個面向，使用這些水系寶藏，你自己的想像力是你唯一的限制。

蛤殼

這些貝殼往往用於祈求愛、浪漫、保護、滌罪的法術。我祖母來自新英格蘭，因此我曾經在那裡度過許多時光。這個地區的原住民非常珍視蛤殼（Clam Shell），也就是他們常說的「貝殼串珠」（wampum）。雖然歷史錯誤地教導我們，說貝殼串珠被當作金錢，但它其實是用作珠寶，被創作成非常珍貴的珠子以及代表地位和權力的裝飾品。你可以將這些添加到你的魔法中，不但當作祭品獻給當地的靈，而且有助於解開你自己獨一無二的力量。

海扇殼

海扇殼（Cockle Shell），流行短語「溫暖我宛如海扇的心扉」（warms the cockles

of my heart），給了我們一條線索，即這種貝殼用於愛情魔法，也有助於友誼、情緒療癒、和諧的運作。

海螺殼

海螺殼（Conch Shell）用其神聖的聲音製造魔法。有些人認為海螺殼是最早的樂器，它們的聲音低沉而威嚴，迴盪著來源深處的深沉力量。它們強而有力的音樂，預示著非常特殊的某事開始了。

我見過這些貝殼被用在紐奧良巫毒教和海地巫毒教的傳統中。據說它們象徵好運、繁榮、生育能力、成功、誕生、婚禮、重生。在某些地區，它們被留在珍愛的墳墓上，就跟鮮花一樣。

海螺的複雜螺旋形據說象徵無限。在佛教中，海螺殼是八種吉祥符號之一，代表著傳遍世界各地的佛法名聲。在印度，海螺在史詩和宗教中也十分醒目。據說可以代表權力和權威，而且用於驅逐負面性、防止災難、驅除毒物。在印度，它被用作樂器，也是聖水的容器。

寶螺殼

在古埃及，寶螺殼（Cowrie Shell）被視為偉大的魔法工具。某些文化相信，他們的特殊魔法來自他們半睜著眼酷似寶螺殼。其他群體則看見寶螺殼與女性生殖器之間的相似處，因此寶螺殼成為生育和成功的象徵。非洲傳統宗教體認到，這些蒙福的貝殼是「伊法」的神聖工具。寶螺殼用於通靈解讀和賜福。寶螺殼吸引洞見和財務繁榮。也可以邊許願邊將寶螺殼扔進溪流或海洋等流動的水體中。扔掉寶螺殼，然後離開，不要回顧。

帽貝

大體而言，帽貝（Limpet）據說可以賦予自信、勇氣、實力，以便完成你的目標。鎖孔帽貝（Keyhole limpet，學名*Fissurelildae*）屬海螺科，錐形殼上有一個小孔是其特色。就跟之前討論過的有孔石頭一樣，這個孔似乎擁有巨大的魔力，可以連結到其他世界，解開你可能遇到的困難和問題。

鸚鵡螺殼

因為鸚鵡螺殼（Nautilus Shell）這些生物始終在長大，所以這種殼可以用於祈求更新和生長的運作。

牡蠣殼

牡蠣殼（Oyster Shell）常用於涉及滿月的儀式和法術，這些可能是祈求浪漫、愛、幸運、成功、療癒等等。似乎大部分關於牡蠣的傳說，都與牠們內含的珍珠很類似。

沙錢

被女神蝕刻在每一個沙錢（Sand Dollar）上的是一顆五角星，讓人聯想到女巫的五芒星。它們甚至被稱作「女巫石」，用於祈求智慧、療癒、必要的成長、釋放過時的想法和模式的法術。

扇貝殼

扇貝殼（Scallop Shell）適合涉及運動和旅遊的法術。在《聖經》中，這些貝殼與聖雅各（St. James）有關，代表人類的雙重特性。物質和精神在這裡都被帶到前台。聖雅各是長途跋涉的旅人，最終成為西班牙的主保聖人。今天信徒們仍然走過「聖地牙哥之路」（Camino de Santiago），意思是「聖雅各之路」。據說信徒們帶著扇貝殼示意他們的靈性之旅。

海螺

海螺（Whelk，屬「峨螺科」*Buccinidae*）這種貝殼在某種情況下，用於控制和力量的法術，它還有助於為你的人生帶來穩定。

寶石水製作法

製作寶石水最近蔚為風潮，你甚至可以取得專為這個目的設計的特殊瓶子。你不見得需要特殊的瓶子，但一定需要一些基本的信息和物品才能夠開始。寶石水並不複雜，就只是將寶石置於水中而已。因為這麼做，水被注入了那顆水晶的力量和能量，然後這水可以用於賜福、沐浴、洗滌。

有許多水晶不可以放入水中，有些是因為它們會解體，有些則是因為結果會有毒。

水晶魔藥瓶已經屢見不鮮，這些瓶子的風格包括，石頭與水分隔開，或是將石頭嵌入水中。如果你需要使用無法直接放入水中的石頭，那麼將石頭完全分隔開的魔藥瓶可能是有用的。我甚至見過裡面有水晶的吸管。隨意實驗這些，依照情況使用一些你最愛的石頭。

以下是不應該直接放入水中的水晶清單，這份清單絕不是鉅細靡遺的，請自行研究且謹慎行事，尤其如果你正在考慮製作可以飲用的水。

不應該被放入水中的水晶

陽起石（Actinolite）	水砷鋅礦（Adamite）	斜矽鋁銅礦（Ajoite）
變石（Alexandrite）	天河石（Amazonite）	氯銅礦（Atacamite）
綠銅鋅礦（Auricalcite）	藍銅礦（Azurite）	綠柱石（Beryl）（包括海藍寶石〔*aquamarine*〕、紅綠柱石〔*bixbite*〕、祖母綠〔*emerald*〕、無色綠柱石〔*goshenite*〕、摩根石〔*morganite*〕）

黑碧璽（Black Tourmaline）	百吉石（Boji Stone）	水膽礬（Bronchantite）
水矽釩鈣石（Cavansite）	方解石（Calcite）	紅玉髓（Carnelian）
天青石（Celestite）	膽礬（Chalcantite）	黃銅礦（Chalcopyrite）
矽孔雀石（Chrysocolla）	硃砂（Cinnabar）	砷銅鈣石（Conicalcite）
銅（Copper）	銅藍（Covelite）	沙漠玫瑰石（Desert Rose）
翠銅礦（Dioptase）	藍線石（Dumortierite）	綠玻隕石（Moldavite）
月光石（Moonstone）	摩根石（Morganite）	蛋白石（Opal）
珍珠（Pearl）	彼得石（Pietersite）	祖母綠（Emerald）
方鉛礦（Galena）	石榴石（Garnet）（包括鐵鋁榴石〔*almandine*〕、鈣鋁榴石〔*hessonite*〕、玫瑰榴石〔*rhodolite*〕、錳鋁榴石〔*spessartine*〕、鈣鉻榴石〔*uvarovite*〕）	矽寶石（Gem Silica）
石鹽（Halite）	赤鐵礦（Hematite）	堇青石（Iolite）
紫鋰輝石（Kunzite）	拉長石（Labradorite）	青金石（Lapis Lazuli）

鋰雲母（Lepidolite）	磁鐵礦（Magnetite）	孔雀石（Malachite）
白鐵礦（Markasite）	雲母（Mica）	砷銅礦（Mohawkite）
葡萄石（Prehnite）	硬錳礦（Psiomelan）	黃鐵礦（Pyrite）
雄黃（Realgar）	紅寶石（Ruby）	藍寶石（Sapphire）
銅鈾雲母（Torbenite）	碧璽（Tourmaline）	透閃石（Tremolite）
土耳其石（Turquoise）	釩鉛礦（Vanadinite）	銀星石（Wavellite）
透石膏（Selenite）	蛇紋石（Serpentine）	菱鋅礦（Smithsonite）
方鈉石（Sodalite）	尖晶石（Spinel）	十字石（Staurolite）
輝銻礦（Stibnite）	輝沸石（Stilbite）	舒俱徠石（Sugilite）
硫磺石（Sulfur）	太陽石（Sunstone）	坦桑石（Tanzanite）
虎眼石（Tiger Eye）	黃玉（Topaz）	鉬鉛礦（Wulfenite）
綠簾花崗石（Unakite）	鋯石（Zircon）	黝簾石（Zoisite）

水晶和貝殼是強大的元件，可以新增至你的魔法水運作中。由於它們的性質，它們為你正在做的一切帶來一種固化的「土」能量。正如這份清單所示，有各式各樣的石頭和貝殼可以選擇，每一種都有它們個別怡人的魔法和特性。好好把玩它們，考慮將它們放在口袋裡隨身攜帶，乃至把它們放在枕頭底下，讓它們可以庇佑你的夢。

8

水系屬性的動物指導靈

動物指導靈（animal guide），可以出現在夢境、清醒時的異象或現實之中，幫助你學習重要的靈性課程，賜予你重要的訊息。牠們可以幫助我們導航我們的人生。有許多方法可以識別我們世界裡的這些特殊存有。可能是你一直對某種動物有特殊的親和力，這可能就是你的守護動物之一。可能是你不斷看見某隻動物，無論是牠親自現身，還是表現在其他地方，而這可能正在對你指出，牠是你的指導靈之一。重要的是要記住，這些連結不能被強迫，而是出現在適當的時間，提醒我們耐心和恭敬的重要性。

有些人透過旅程實作（journey work）或仔細觀察人生中的事件，來發現自己的動物指導靈。有些人透過占卜或與某位老師或靈異人士合作，來找到自己的動物指導靈。

注意這些特殊的動物，以及牠們如何出現在你生活中，因為牠們可能會為你的靈性旅程帶來重要的信息。人們有許多不同的方式查看自己的動物指導靈。動物指導靈可以是魔寵（familiar）、靈獸乃至守護者（patronus，借用《哈利．波特》的說法），但是無論你怎麼稱呼牠們，牠們都會竭其所能地協助你。有人說，牠們來自你的祖先或至高無上的存有或存有們，不管怎樣，要善待牠們，你將會得到莫大的回報。

水系動物指導靈

鱷魚

關於鱷魚是靈獸的許多信息，是混合在一起的。已知鱷魚會挖自己的鱷魚洞，這讓牠們即使在周圍的土地乾燥時，也可以保存必要的水。牠們也用樹葉和泥漿建造自己的住家，使牠們顯得既勤奮又足智多謀。作為指導靈，據說牠們教導你重視知識、啟蒙、療癒、保護你自己。

鱷魚有壯觀的交配表演，被稱作「水舞」（water dance）。雄性將身體降低到水面之下，然後從自己的內部深處發出強烈的低吼。牠們的身體抖動，水面像美麗的噴泉一樣冒著泡。這吸引該區的任何雌性鱷魚，且防止其他雄性鱷魚挑戰牠們。

在印度神話中，男神伐樓拿騎在鱷魚的背上。鱷魚據說有驚人的聽力，甚至可以在牠們的孩子孵化前，聽見孩子在殼內的聲音。在古埃及，鱷魚神叫做索貝克（Sobek），負責保護、權力、繁殖。還負責稱量死者的靈魂。如果你覺得與鱷魚有連結，牠們可能正在設法用勇氣、魔法、力氣、速度、彈性或古老的力量幫助你。

海狸

這種動物以其建築物而聞名。海狸是策略和工程大師，牠們不斷地努力改善和維護自己的家園和社區工程。如果海狸出現在你的生命中，不妨好好考慮你對你的住家、家庭、社區的貢獻。評估一下你在實現目標方面取得的進展，而且要確保相應地平衡你的時間和注意力。儘管海狸很勤奮，但牠卻是所有囓齒動物中體型最大的，有些人會把牠視為有害的動物。經常有海狸來訪的人，可能也有敵人，務必留意身邊人的意圖。

螃蟹

螃蟹是身邊最不尋常的動物之一。螃蟹以殼為家，因此這種動物可以象徵性地提醒我們，住家和家人是多麼的重要。螃蟹跟其他動物不一樣，牠橫著走。橫向運動強調，有時候，前進的道路並不總是筆直的。與螃蟹有連結的人可能會發現，自己必須找到新鮮而有趣的方法來解決生活中的困境。如果你注意看塔羅牌的象徵意義，就會再次看見那隻螃蟹，這一次在塔羅牌上要贏過「月亮」。螃蟹也是巨蟹座（六月二十一日至七月二十二日）的象徵。太陽星座在巨蟹的人，往往模仿螃蟹的某些特徵，那就是：伶俐、適應性、敏感性。

鶴

這隻水鳥象徵正義、創造、恢復、保護、保密。鶴在亞洲文化中尤其受人尊敬，經常與松樹和太陽一起出現。在凱爾特人的傳統中，這隻鳥與死亡和冥界相應。

海豚

跟這份清單上大部分的動物不一樣，海豚是哺乳動物。古希臘人將海豚視為神聖的使者。牠們有一套複雜的聲納系統引導牠們。生活中有海豚的人內外都很和諧，他們是關切保護的、聰明的、童心未泯的。

鴨子

鴨子本身有一種特殊的水魔法。牠們是大多數地點最常見的水禽，而且所有品種的鴨子據悉都會游泳。這些禽類據說與心靈能量、星光界、情緒相連。如果鴨子對你來說是夢境元素或有意義的動物，請仔細想想讓你感到舒適的人們、地方、事物。這個舒適課題是鴨子魔法的核心。人們甚至用鴨子的羽毛製作枕頭和褥墊。鴨子在古埃及和中國備受珍視，就跟今天一樣。要特別注意你遇到的鴨子的顏色和類型，因為那可以幫助你更好地理解鴨子的訊息。北歐女神修芬（Sjofn）據說有兩隻鴨子陪伴。

儒艮

由於水污染和沿海過度開發，威脅到牠們的食物供給和棲息地，儒艮（dugong）被列為瀕危動物。牠們分布在澳大利亞和東非的沿海水域。儒艮和牠們的表親海牛經常被誤認成人魚。身為動物指導靈，已知牠們代表清明的視界以及對和平與恬靜的需求。已知儒艮是溫和而友善的，可以召喚牠們前來幫忙培養你自己內在的這些特質。

青蛙

青蛙愛水，不要將牠們與棲息在旱地的蟾蜍混為一談。青蛙從卵到會游泳的小蝌蚪，再到能跳躍的成年青蛙。牠們讓我們看見，當轉化發生時，可以展開的成功和力量。青蛙是兩棲動物（amphibian），這個字源自於意思是「雙重生命」的字根。牠們棲息在陸地和水中。這是閾限（或中介）空間概念的回歸（已知魔法可以發生在這個空間中）。身為指導靈，已知牠們代表魔法、溝通、繁殖力、心靈能力。在古埃及，青蛙被認為是哈迪特（Hadit）的聖物，哈迪特又名赫克特（Heqet），他幫助愛希絲使歐西里斯復活，讓她可以懷上荷魯斯。

海鷗

由於海鷗的天性使然，有些人將海鷗視為麻煩的鳥。被稱為「清道夫」（scavenger）的海鷗，會利用每一個機會找到食物和資源。牠們被認為是統治大海和風的北歐男神尼約德（Njord）的聖鳥。海鷗據說也是葉瑪雅奧里莎的心愛動物。海鷗是嫻熟的溝通者，牠們運用複雜的呼叫和姿勢系統將訊息傳過去。這些鳥出現在你的生命中，可能意謂著，你需要注意你和你身旁的人們正在說什麼。這可能也是信號，表示在某些情境中你需要發言，才能讓你的意見被知道。

蒼鷺

蒼鷺（heron）作為圖騰可能意謂著，你會盡力開發自立自強和良好的邊界。撰寫這本書的時候，我經常想到蒼鷺。我今生見過不少蒼鷺，在我寫下這些文字之前，我設法在布魯克林市中心顯化一隻蒼鷺——當然是動物標本。我剛下車，牠正在等電梯。帶牠來的那名男子完全擋住了電梯門——我提過這關於邊界嗎？蒼鷺是涉禽。牠們在淺水區和沼澤地繁衍生息。牠們是這個中介空間的主人，牠們具體化現精確與聚焦的能力。牠們的身體適應了這些沼澤地。蒼鷺有細長的腿、細長的脖子、尖尖的鳥嘴。

河馬

埃及的象形文字用河馬象徵實力與活力。在賽斯（Seth）與荷魯斯戰鬥的神話故事中，他們倆都變形成為河馬。此外，埃及神話還為我們帶來女神塔維蕾特（Taweret），她擁有河馬的身體，以及部分的鱷魚和獅子。塔維蕾特被視為母親女神，是女性的保護者，掌管生育力、分娩、母性。河馬本身被視為善良而溫和的母親，儘管牠們在游泳方面有困難，但是卻在水中分娩，在淺水保護區，寶寶在那裡可以免受水流侵襲。塔維蕾特並不是唯一與河馬有關聯的埃及神明，還有芮蕾特（Reret）、赫潔特（Hedjet）、伊佩特（Ipet）。在奈及利亞境內，河馬常被描繪在面具和其他儀式用品上，以此向水靈奧托波（Otobo）致敬，有些人甚至將河馬視為奧湘奧里莎的象徵。

翠鳥

最近我很開心出席加拿大境內的一場活動。場地非常莊嚴，當我演講時，身後是一片令人驚歎的湖泊。演講完畢時，許多與會者都上來告訴我，那隻美麗的翠鳥（kingfisher）在我身後出現了好幾次。翠鳥被認為是莫大的保護、繁榮、和平的象徵。在希臘傳說中，哈爾西翁（Halcyone）是一種顯眼的翠鳥，牠們是「太平日子」（halcyone days）這個說法的來源，意思是陽光明媚的日子和平靜的水面。翠鳥也連結到木星，如果你覺得這種動物有訊息給你，它可能是一則好運的訊息。

潛鳥

潛鳥（loon）在陸地上不是一種非常優雅的鳥，牠是游泳高手。這種鳥經常在水中。牠的獨特叫聲是牠最容易識別的特徵。牠們的某些叫聲像哀嚎，其他則像笑聲。某些迷信說，這個叫聲是死亡的預兆，而其他人則相信它只是即將下雨的徵兆。

潛鳥是呼吸作業的大師，據說也可以幫助你療癒夢境和「意識的變異狀態」（altered state of consciousness）。如果你覺得潛鳥在你的靈性生命中占有一席之地，那麼異象和訊息據說具有重要的意義。

海牛

海牛在我心中有著特殊的地位。牠們緩慢而溫和的存在方式取悅我且激勵我。幾年前，我正經歷著生命中的艱難時期，決定去一趟佛羅里達州，跟海牛們一起游泳。儘管牠們的體型很大，但牠們卻是我曾經見識過最可愛、最善良的動物之一。平均而言，海牛的體重高達四百公斤，其中一隻最大的海牛開始向我游來時，我不確定該如何行動。當牠靠近時，牠用雙臂圈住我，給了我一個只能形容是擁抱的動作。

這些動物的天性溫暖而溫和，牠們敦促你培養自己的這些特質。很久以前，牠們常被誤認成是人魚。牠們也移動得非常緩慢而優雅，因此提醒我們要慢慢來，記得自己的目的。海牛是釋放和必要改變的象徵，也是學習如何信任身邊人的象徵。將海牛視為神聖動物的人，常被視為獨來獨往的人，世界對他們來說可能太龐雜了，有時候他們需要休息和恢復。

章魚

這種動物總是在移動。牠主要停留在海洋的最底部，使牠們成為最接地氣的海洋動物之一。章魚非常擅長在必要的時候改變顏色和偽裝自己。如果不成功，牠們可能會為了逃脫而將墨水噴在自身周圍。如果這些是你認識牠們的原因，這可能是一個課題，你需要隱藏自己，才能避開困難，或是聲東擊西，才能擺脫麻煩。

水獺

水獺絕對是水系生物。牠們總是把家建在水邊，而且游泳速度比大部分的魚都快。水獺愛玩。如果你有水獺作為指導靈，你往往把某個情境做到最好，然後需要找時間盡情享受。

鵜鶘

鵜鶘的特點是牠們的育兒袋和長喙，牠們用這個來捕捉食物，而不是儲存食物。鵜鶘是最心情愉快的鳥類之一。這兩種特質都幫助我們了解足智多謀和彈性的好處。牠們告訴我們，不要因為挑戰或感知到劣勢而氣餒。鵜鶘也被視為無私的鳥類，牠們的存在可能會敦促你，將時間花在自我照顧和個人享受上。

企鵝

儘管企鵝是鳥類，但實際上並不會飛。不過，牠們的移動速度確實快得令人難以置信，一小時可以游四十公里。企鵝據說是星光旅行和夢境作業的幫手。由於牠們亮麗的外表，因此有些人認為，企鵝出現在你的生命中，可能是你應該穿著優雅或考慮這麼做的信號。已知企鵝可以躍出水面、上跳至一．八公尺的高空中，且雙腳直接著陸。當你需要安全地遠離某個情境時，企鵝可能會出現在你的生命中。另外，牠們可能會在那裡提醒你，該是放手一搏的時候了。就跟這份清單上的某些動物一樣，已知企鵝的配偶是終生的，所以如果這種動物不斷出現，連結到你的關係，那麼可能時候到了，該要做出承諾並將事情帶到更深的層次。皇帝企鵝的獨特之處在於，雌企鵝下蛋之後，雄企鵝會照顧那些蛋。

海馬

海馬非常優雅。唯有雄性海馬才能生下寶寶，這使得牠們在動物王國中獨一無二。牠們可以指出情緒以及責任的重要性。

海獅

海獅是棕色的，以大聲嚎叫出名，而且用鰭狀肢在陸地上行走。北美西北海岸的原住民，時常將海獅與豐盛和財富聯想在一起。北海獅（steller sea lion）與澳大利亞海獅，都在瀕危物種名單上。請盡你所能幫助這些美麗的生物。

海豹

海豹沒有可見的耳廓，牠們靠擺動腹部在陸地上移動。愛玩且富於想像的海豹，敦促你在自己的生命中培養這些特質。海豹在水中更自在。在凱爾特和斯堪地納維亞國家境內，海豹在民間傳說中特色顯著，是變形師（通常稱為「賽爾基」，見「賽爾基」，第二章神話中的水獸部分）。

海豹與海獅之間有許多類似之處。如果這些動物出現在你的夢境、異象或物質世界中，請盡力記下你看見的是哪一種海獅或海豹。有許多不同的類型，而每一種都攜帶自己獨特的訊息。若要發現牠們對你的特殊意義，請在牠們出現時好好觀察。

鯊魚

許多人，包括我自己，都是在大眾媒體中嚇人的鯊魚影像伴隨下長大的。然而，研究鯊魚的人士描繪了一幅非常不一樣的畫面，說鯊魚是相對和平的動物。鯊魚魔法是關於安全、領導力、進步、自信。鯊魚擁有非凡的嗅覺，可以幫助你在必要的時候嗅出危險或機會。佩戴鯊魚牙是力氣和陽剛能量的象徵，據說還有助於保護人免於溺水。

在夏威夷的原住民文化中，鯊魚常被視為是「奧瑪庫阿」（aumakua，也就是「奉若神明的祖先靈」）。即使在今天，有些人仍舊敬重這份連結，在出海時，特別花心力餵養他們的「奧瑪庫阿」。與一個人的「奧瑪庫阿」的正向關係，據說既可以保護這人安全，免於傷害，也可以幫助這人找到許多可以捕獲的魚。

海星

形狀使海星顯得相當神奇。身為指導靈，牠們敦促你信任自己，在面對困難時，運用你的傳統知識和直覺。

魟魚

魟魚（stingray）擁有天然感應器，可以在危險逼近時發出信號通知牠。如果這種動物正在讓你認識牠，那可能表示要格外注意你的第六感和直覺。

天鵝

所有水禽中體型最大的天鵝，既威嚴又優雅。天鵝可以幫助我們發現自己的內在美。誠如安徒生在一八四三年所寫的經典故事《醜小鴨》（*The Ugly Duckling*）一樣，美的重點在於感知。如果你感覺被天鵝吸引，天鵝是你的動物圖騰，牠們將會幫助你與心靈知識、先見之明、洞見連結。在印度教中，天鵝被認為是一種特別蒙福的鳥，被形容是鳥中之王。有人說天鵝是創意人士、詩人、有識之士、發明家的動物。

海龜

海龜與陸龜的差別在於，牠們總是在水裡和水的周圍安家。有許多神話和傳說圍繞著海龜。在印度教的宇宙學中，地球據說坐在四頭大象的背上，而大象們站在一隻巨型海龜的殼上。許多美洲原住民的神話也說，地球坐在一隻巨型海龜的背上，而北美經常被稱作「海龜島」（Turtle Island）。大家都知道海龜的壽命很長，可以幫助我們重新設想我們與時間的關係。

海象

海象的醫藥和魔法，據說是滋養以及關於保護、放鬆、安逸。與本章中的任何其他動物相較，海象是真正關於順流而行。這種動物在陸地上緩慢地移動，但是在水中卻自在得不得了。牠們用整個身體游泳，然而卻只能在淺水區潛水，而且一次只能在水面之下停留半小時。海象成群狩獵和旅行，而且非常保護牠們的幼崽。海象可以漂浮在海洋裡，也可以睡在海洋裡。海象據說是又名「維」（Ve）的北歐男神海尼爾（Hoenir）的聖獸。

鯨

鯨是許多不同文化的古老創造象徵。有一位叫做「拉巴連內」（La Baliene）的海地巫毒教「羅瓦」，有時候被視為鯨；有些人把她想像成「艾吉莉」的一個面向。鯨是世界上最大的哺乳動物。牠們幫助我們了解我們內在的深度和力量。鯨的能量可能意謂著，你非常深刻地感覺事物。許多原住民對鯨有著特殊的崇敬之情。

獨角鯨（narwal 或 narwhale）也是一種鯨，牠嘴裡常有一根可以生長到三公尺長的大牙突出。有些人將牠們與獨角獸聯想在一起，而獨角鯨也確實是大海的獨角獸。獨角鯨是十分神奇又神祕的動物。據說牠們是變形怪，敦促你看見你生命中的表象與現實之間的差異。獨角鯨不喜歡被圈養，所以想想，在你自己的生命中，有哪些方面你可能感到防備或被囚禁在籠子裡。

藍鯨、長鬚鯨（fin whale）、白鯨（beluga whale）全都在瀕危物種名單上，請盡你所能幫助這些深海的雄偉巨獸。

動物指導靈冥想

加強與你的動物指導靈的連結，可以幫助你在人生的各個面向獲得理解和方向。先找一個可以靜心冥想的空間，盡最大努力關閉所有電子設備，確保你能夠不受干擾地度過一段時間。收集好所有品項，做一次深呼吸，讓頭腦平靜下來，藉此讓自己準備好。

品項：

- 藍布
- 藍色茶燈蠟燭（tealight candle）
- 玻璃燭台
- 水（這應該在性質上與你即將連結的動物相符；舉例來說，如果你的動物在大海裡安家，那就使用海水）
- 你的動物的照片或其他藝術表現形式
- 水系水晶或貝殼
- 屬水的香（你可以使用代表巨蟹座、雙魚座或天蠍座的香，或是由本書中討論過的某種水生植物性藥物製成的香）

取一些水擦拭你的桌子或神聖空間。鋪好藍布，將你選擇的動物的表現形式放在中央，將玻璃燭台放在它前面。在燭台底部倒入少量的水，然後加上蠟燭。點燃蠟燭和香，用左手握住水晶或貝殼。專注聚焦在你的動物表現形式上。如果你覺得想要閉上眼睛，那就閉上眼睛。密切注意腦海中浮現的想法、圖像或訊息。告訴你的動物，你想要感謝牠們的幫忙。告訴牠們，你會盡你所能幫助牠們。在你的蠟燭和香燃盡之後，你的冥想就完成了。收集好作業後的殘餘物，以某種生態方式處理它們。趁記憶猶新，盡可能快速地將你的想法和經歷記錄在筆記本或「心魔之書」中。

動物指導靈可以幫忙指揮你踏上你的魔法之路。牠們可以如實地出現在你的生命中或你的夢境和旅程實作中，藉此做到這點。仔細注意牠們要告訴你什麼。你建立的連結不必宏偉——甚至像找到一根羽毛或聽見一聲嚎叫這樣的小事，在你與動物指導靈的連結中也可能有意義。

第3部

水系魔法的應用與儀式

9

用於自我療癒與空間淨化

所有的水都是有魔力的，但是某些水的魔力勝過其他水。本書已經探討了自然而然發生的水的幾個不同面向，現在將深入探究水的配方和法術，讓你可以為自己賜福和創造。在我多年的魔法實務中，我發現，在你可以創造的法術中，水是最容易的法術之一。在水經過配製之後，你可以多種方式使用它們，例如噴灑、地板清洗、沐浴。你可能希望根據當天星期幾來協調你的工作與行星的關聯。

週一（Monday）是由月亮守護且以月亮（Moon）命名的。在這一天施作魔法有助於心靈能量和能力、情緒、女神連結。火星是週二的守護星。這一天被視為與力量、勇氣、實力起共鳴。週三對應水星。這是連結到溝通、創造力、改變法術的好時機。

木星連結到週四。許多北歐魔法師認為這是索爾（Thor）的日子，代表在生意、金錢、豐盛、療癒方面的成功。週五是維納斯日，是贏得浪漫、愛、生育、喜悅的日子。土星（Saturn）是週六的守護星，也是週六（Saturday）名字的由來。據說對處理保護、打掃、清理、驅逐的魔法是有裨益的。週日由離我們最近的恆星太陽守護，已知它可以為你的魔法帶來成功、榮譽、名聲。

星期	守護星	最適合
週一	月亮	心靈能量、情緒、女神連結
週二	火星	力量、勇氣、實力
週三	水星	溝通、創造力、改變
週四	木星	生意、金錢、豐盛、療癒
週五	金星	浪漫、愛、生育、喜悅
週六	土星	保護、打掃、清理、驅逐
週日	太陽	成功、榮譽、名聲

有魔力的水

日月蝕水

日月蝕魔法是一種強大而有效力的東西。太陽和月亮的能量凝聚一小段時間，於是你的魔法工作將因此而受益。雖然能夠看見日月蝕是令人興奮的事件，但是你不需要看見這個事件就可以利用它的力量。如果日月蝕的情況出現，這是收集和收獲雨水、露水、暴雨水乃至雪的大好時機。然而，即使此時你沒有機會從天上取水，還是可以運用這些代表太陽和月亮特質混合的能量，為自己的水增添能量。它們代表事物的逆轉，這對你個人的魔法情境（事物被卡住了或朝著困難方向發展）可能是有用的。製造這種水，類似於製作太陽水或月亮水的方式。在日月蝕事件前後至少持續二十四小時，將一罐泉水或自來水，放在戶外太陽和月亮光線將會接觸到的地方，然後這水就可以使用了。

佛羅里達水

這個名字和你所相信的恰恰相反——佛羅里達水（Florida Water）不是來自美國佛羅里達州的水。它是一種已經使用了兩百多年的古龍水，可以提供多用途的賜福和成功。南美薩滿、非洲療癒師乃至我的西西里曾祖母普洛薇丹莎（Providenza）都使用它，可以當作香水或以任何多種其他變換的方式塗抹在身上。原始配方不得而知，但似乎暗藏檸檬、薰衣草、佛手柑。佛羅里達水是一種柑橘為基底的甜味混合物，非常令人愉悅。許多人選擇使用它，就像使用鼠尾草煙燻或石英晶體來清理空間，並放大正在發生的不管什麼魔法。在我的紐奧良巫毒教傳統中，佛羅里達水被用作世界之間的門戶。它既是歸於中心的，又是將你與無形連結起來的方式。通常它塗抹在雙手、雙腳、後頸，確保以正確的能量和心態，將你引導到正確的方向。佛羅里達水也可以添加到你的儀式浴和地板清洗中。

最知名的商業製劑，是由 Murray & Lanman 公司製造的。兩個多世紀以來，他們一直以同樣的方式製作佛羅里達水，這是我最喜歡的配方。不過，許多現代的魔法修習者選擇自己製作，而你也可以按照下述說明自行製作。我偏愛在這個製作配方中使用精油，而不是新鮮或乾燥草本，因為那麼一來，你就可以省去必須過濾混合物的麻煩，或是避免冒著最終產品裡出現大塊碎片的風險。如果有可能，請始終在你的製作配方之中使用純精油，這將確保你最終生產出高質量的產品。這個特別的製作配方，最好在滿月前夕創建，那將允許你捕捉到當時升高的能量。

材料：
玻璃瓶
1杯伏特加
3大匙玫瑰水
9滴佛手柑油
9滴橙花油
6滴鼠尾草油
6滴薰衣草油
6滴迷迭香油
6滴檸檬油
3滴肉桂油

3滴丁香油

收集好所有材料。首先將伏特加倒進玻璃瓶內。接下來，加入玫瑰水。蓋上瓶蓋，搖勻，現在加入佛手柑、橙花、鼠尾草、薰衣草、迷迭香、檸檬、肉桂、丁香油，再次蓋上瓶子並搖勻。接下來，如果有可能，將你的瓶子拿到戶外，在土裡挖個洞，把你的瓶子埋起來過夜。早上，來到戶外，把這瓶混合液挖出來；現在它可以使用了。每次使用前搖勻。這個配方中的酒精量應該足以保存這瓶混合液，但請不時檢查，確保它沒有變質。如果你無法將混合液埋在地下，那就找一只水桶和一袋盆栽土。將玻璃瓶放置在水桶底部，蓋上泥土。將水桶放在戶外或有月光的窗台上過夜，然後它就可以使用了。

聖水

大多數情況下，人們希望從當地教會取得聖水。這往往可以免費或靠少許捐獻取得。我了解許多人與天主教會有些情有可原的問題，所以無論如何，如果你想要自製聖水，儘管動手做。你可能也會考慮使用來自另一個宗教的神聖之水，例如，來自恆河的印度教水或類似的東西。

材料：
泉水或來自聖域的水
石英晶體
來自你的傳統的祈禱詞和祝福語

自製聖水時，要讓你自己的實務做法成為你的嚮導。或許你想去到一口神聖的水井邊，用一段對女神的祈禱來為那水增添能量。增加一塊石英晶體，將有助於放大那水的能量，使其調頻對準更高的振動。你的祝福語將由直覺和你認為神聖的事物所引導。

月亮水

簡而言之，月亮水就是被月亮加持過的水。你可以利用滿月或新月的能量，為你的水增添能量。通常，滿月被認為是顯化魔法的最強大時間，而新月則是施展祈求成長和機會的法術和實作的好時機。你可以將裝滿水的瓶子、碗或聖杯，放置在月亮光線能夠接觸到的地方（戶外或窗台上），藉此以魔法為你的水增添能量。至於這個過程，你可以使用泉水、自來水、雨水或你選擇的任何其他類型的水。月亮，就跟水元素一樣，據說支配情緒和心靈力量。以這種方式為你的水添加能量，將會使這些水在你的法術和實作中更有效力。

玫瑰水

玫瑰水是一種甜美清新的元素，用於許多不同類型的法術和藥劑。它可以用於產生愛、浪漫、療癒、心靈能量、保護的運作。它也是一種美容產品，可以用作保濕劑、爽膚水、護髮素、肌膚和面部噴霧，甚至用作烹飪的材料。玫瑰水是很容易購得的商業製劑，坦白說，這是最容易取得它的方法。然而，你可能希望做出你自己的製作配方。從沒有傷痕的新鮮有機花瓣開始，白色花瓣據說可以營造出療癒和平靜的氛圍，而紅色或粉紅色花朵據說可以激發熱情和浪漫。據此選擇你需要的花。

材料：
有蓋的大型搪瓷或陶瓷平底深鍋
可以放入平底深鍋的小碗

小磚塊或平坦的岩石
泉水
1公升或更多的玫瑰花瓣
15塊冰塊
玻璃瓶或玻璃罐

收集好所有材料。將磚塊或岩石放在鍋底，將碗放在磚塊或岩石上。用玫瑰花瓣圍繞磚塊，確保磚塊依舊穩如泰山。將泉水倒入鍋中，直到玫瑰花瓣剛好被蓋過為止。接下來，將鍋蓋倒置，扣在平底深鍋上，封緊。加熱平底深鍋，直到水開始徐徐沸騰。然後一次將一塊冰塊放在蓋子上。倒扣的鍋蓋將會容納融化的冰。當第一塊冰塊融化了，再加入下一塊冰塊，重複這個動作，不要讓鍋底的水全部蒸發掉。大約十分鐘後，你已經收集到大部分可用的玫瑰水，所以將平底深鍋輕輕地移開熱源，讓它完全冷卻。如果一切順利，你的碗裡應該裝滿了玫瑰水。拿好這碗水，小心翼翼地將它倒進你的玻璃瓶或玻璃罐內。它現在可以用在你的魔法中了。

太陽水

這種水從太陽接收祝福，擁有賦予喜悅、療癒、成功的力量。將裝滿泉水的瓶子、碗或聖杯，放在太陽光線能夠賜福給它的地方，就可以製造這種水。放置在太陽光底下至少三小時，然後就可以使用了。

戰爭水

戰爭水（又名火星水）有幾種不同的製作配方。長期以來，它一直是胡毒教和民間魔法修習者的最愛，用於保護和移除負面性和障礙。基本上，戰爭水是加了鐵的水。它最初用於治療貧血和其他疾病。戰爭水也可以用於發動你自己的心靈戰爭的過程。這被認為是非常強大的配方，而這在道德上可能是很棘手的，所以請謹慎行事。心靈戰爭和攻擊總是有後果的，有些人甚至相信，它會多次回到你身上。製作戰爭水是一個簡單的過程，但確實需要一些時間。傳統說，要在週二開始這個過程，週二是火星和戰爭能量的聖日。

材料：

21根水泥釘（iron-cut nail或masonry nail）
1公升玻璃罐
½杯暴雨水
½杯自來水
一小撮黑鹽
幾只小玻璃瓶（有沒有均可）

將鐵釘放入玻璃罐內，再將上述兩種水混合在一起。用暴雨水和自來水將玻璃罐裝到半滿。接下來，加入黑鹽。蓋上玻璃罐，大力搖晃三分鐘。將蓋子鬆開但仍蓋著，讓空氣可以逸出。將玻璃罐放在陰暗的角落，最好放在不會被打擾的涼爽地方。七天後，檢查一下。如果上面沒有長黴菌或髒污，就加入更多的水。如果看起來稀奇古怪，就丟棄混合液，重新開始。加入更多水之後，澈底搖勻，將蓋子鬆鬆地蓋回玻璃罐上，放回陰暗的角落。再等七天，再次檢查。如果看起來像真正生鏽的水，沒有黴菌或生長物，現在就可以使用了。將需要的量過濾出來，剩下的留著以後用。一旦開始這個過程，你只要在水開始變少時，加入更多的水到玻璃罐內即可。有些魔法修習者手裡拿著爛了多年的戰爭水罐。使用這個配方的一個傳統方法是，將戰爭水放入一只小玻璃瓶內，然後將瓶子扔在敵人家門口（所以玻璃瓶摔破了）或行經的路徑上，然後轉身，不要回顧。請記住，如果你使用此法，可能會有法律上的後果。

楊柳水

這種水用於療癒，也用於悼念祖先。自古以來，柳樹的樹皮和各種富含水楊酸鹽的其他植物，就被用來緩解疼痛和療癒。一八九七年，拜耳公司（Bayer Company）開始在某化合物裡使用水楊酸鹽，然後公司開始將該化合物作為阿斯匹靈出售。[43]且說下述配方不可以攝取，但可以用作洗滌、沐浴，或噴灑在自己身上或住家周圍，以此減輕負面性、疼痛、壓力，也可以用作祭品，或用來擦拭墓碑或陵墓，悼念偉大的死者。

註[43]：Bethard, Lotions, *Potions, and Deadly Elixirs*, 129。

材料：
1杯泉水
1杯雨水
¼盎司白柳樹皮
3滴薰衣草油
濾網
平底深鍋
玻璃瓶或玻璃罐

收集好所有材料，放在你的工作用祭壇或神龕上。將平底深鍋放在爐灶上，小火加熱。接著加入上述兩種水，當水開始徐徐沸騰時，再加入白柳樹皮。煮十五分鐘，然後離開火源，讓混合液完全冷卻。過濾，倒入玻璃瓶或玻璃罐中，然後加入薰衣草油。蓋上瓶蓋或罐蓋並搖勻。現在可以使用了。將玻璃瓶或玻璃罐的內容物加入一整浴缸的水中。在七到十天內使用該混合液，如果開始發霉或令人不快，務必盡快丟棄。

水的替代品

我曾經在我的部落格*Voodoo Universe*（巫毒宇宙）上寫過一篇名為「火：沒有替代品」（Fire: There Is No Substitute）的貼文——嗯，水元素的情況更是如此。人類沒有水就活不下去，而且在魔法上，它攜帶著它自己無可比擬的特殊能量。

總的來說，我認為任何魔法領域的替代品都有點問題。我知道，讀到這裡，你們好幾個人八成想要認真地跟我吵一架。根據我的經驗，魔法過程的一部分，是尋找稀有和奇特的材料，那可能需要旅行到陌生且令人興奮的地方。這是訓練和旅程的一部分，尋找是魔法不可或缺的一部分。

對與水有關的草本或水晶而言，的確有一些替代品可以取替。許多人推薦迷迭香，作為大部分與保護和移除負面性有關的草本的替代品，而薰衣草常被用來取代與成長和成功有關的草本。不幸的是，對於尋求獲得某些類型的水才能執行法術或實作的人們來說，這可能讓事情變得困難重重。幸好，透過線上資源，幾乎每一種類型的水都可以買到。

即使你找不到現成的來源，不妨跟別人談談——也許某位親戚或鄰居可能正要旅行到某個可以為你取得一些海洋水或河水的地方。我曾經給出的某些最佳魔法建議是，「交個朋友」。否則，請考慮執行你能夠取得必要材料的另一種法術或實作。

雖然除了實際的水，你可能無法用任何東西代替水，但是水的確具有獨一無二的特性，一旦你已經擁有某些水，就能夠製造更多的水。舉例來說，如果你有一些雨水或河水，而你需要特定的量才能執行某項法術或實作，但你有的量不夠，那麼你可以單純地加入一些泉水，乃至自來水。新創造的水，在能量上仍然具有與原來的水相同的特性，不過被略為稀釋了。我覺得有趣的是，科學中也存在著類似的原則。水據說攜帶它接觸過的每一樣東西的微小痕跡。有些人曾經利用這點論證：水實際上有它自己的特殊記憶。

聖浴是可獨自完成的最神聖事情

運用「聖浴」（sacred bath）是一個人可以完成的最神聖事情之一。讓自己沉浸在轉化的水中，可以使你在各個層面改變自己的天命。聖浴和浴鹽可以使用各種不同的原料精心製作，下述將介紹幾個有特色的製作配方。雖然許多不同的傳統都有歷史悠久、精心製作這些沐浴的配方，但不要害怕製作一些屬於你自己的配方。它甚至不需要浴缸，雖然並不理想，但魔法浴也可以在洗滌盆乃至大容器中進行。

將你的儀式浴缸想成個人的大鍋，而你即將讓自己沉浸其中。雖然在傳統意義上，你不會把自己給煮了，但是你將會醞釀出一個全新的現實。有些人確實容易過敏，因此在浸入浴缸之前，務必測試你的皮膚對混合液的反應。

從簡易問自己幾個重要的問題開始。最重要的是，你為什麼要洗這個澡？你的重點是什麼？在此為每一種沐浴提供通用指南，但你一定還是希望為自己將這次沐浴個人化。也許你想要添加你最愛且代表你自己或你的星座的水晶或油品，這可以幫助你更好地調頻你個人的能量場，對準這次實作。在你的法術施作中，有一個明確的焦點，是你可以做到的最重要事情之一。你要將哪些其他元素或元件加入你的沐浴中呢？你想要在浴室內或浴缸周圍設置水晶陣嗎？你要加入香還是蠟燭呢？魔法往往根據增加的原則運作，為你的儀式浴增加額外的東西，很可能會提高你成功的機會。

認真開始之前，務必準備好浴室和浴缸。它們應該在物質上和靈性上都是乾淨的。此外，你的沐浴時間應該不受外界干擾。你還應該考慮一下確切何時要洗澡。雖然這裡列出的好些配方最好在滿月或新月期間準備，但你還是需要準確地決定什麼時間該洗這個澡。一天中的每一個小時都有行星支配，你可能需要將這些列入考量。你可以諮詢專業占星師或在線上搜尋，找出這些答案。為你的沐浴或法術，選擇最有可能幫助你作業的行星相應時間，你將再次大大提高成功的機會。舉例來說，如果你在金星守護期間洗這個澡，將有助於為你的生命帶來愛和浪漫的沐浴。一週中的不同日子，也攜帶著自己獨一無二的能量。由於這本書聚焦在水系魔法，我一開始就會先說，週一傳統上是與水和月亮相關聯的日子。在這一天洗澡，將會加強你與水元素的個人和靈性連結。

星座浴

這些沐浴法是用與水象星座雙魚、天蠍、巨蟹相關聯的草本和油品製作的。當你想要吸引這些星座的特質，或是在你自己的占星圖中凸顯這些特定星座的落點時，就可以運用這些沐浴法。

雙魚浴

雙魚座（二月十九日至三月二十日），據說充滿創造力、想像力、善良、慈悲、心靈知識、洞見、浪漫。最好在滿月前一天晚上製作這個配方。

材料：
3滴薰衣草油
3滴沒藥油
¼杯接骨木莓汁
2杯自來水
1杯泉水
1杯海洋水
大玻璃瓶或玻璃罐

在一只大玻璃瓶或玻璃罐內結合所有原料，搖勻，讓所有元素結合在一起。將玻璃罐放在滿月的光線，將會觸及並賜福給它的戶外或窗台上過夜。早上，這個沐浴液就可以使用了。如果你不打算立即使用，請將它放入冰箱。為了達到最佳效果，要在二十四小時內使用。

天蠍浴

天蠍座（十月二十三日至十一月二十一日），因其神祕的複雜性而惡名昭彰。它是莫大的熱情、能量、智慧、心靈能力的星座。往往，這個星座與在深邃而強大的層面轉化相關聯。

材料：

- 3滴廣藿香油
- 3滴乳香油
- 6滴迷迭香油
- 1茶匙香草精
- ½杯石榴汁
- 1杯泉水
- ½杯雨水
- 大玻璃瓶或玻璃罐

將所有原料加入大玻璃瓶或玻璃罐，大力搖晃直至充分結合為止。將玻璃罐放在滿月的光線將會觸及並賜福給它的戶外或窗台上過夜。早上，沐浴液就可以使用了。將玻璃罐的內容物加入滿滿一浴缸的水中。如果不打算立即使用，請將它放入冰箱。為了達到最佳效果，要在二十四小時內使用。

巨蟹座

巨蟹座（六月二十一日至七月二十二日），重視家庭和家人高於一切。它是莫大的情緒、養育、關懷、敏感、智能、心靈力量的星座。巨蟹座出生的人，洞見和直覺是他們的超能力之一，你可以利用這次沐浴來強調和聚焦在這些天賦禮物。

材料：

3滴金銀花油

6滴茉莉油

6滴檀香油

¼杯檸檬汁

1杯泉水
1杯河水
大玻璃瓶或玻璃罐

將油、果汁、水均倒入大玻璃瓶或玻璃罐中，大力搖晃，直到充分結合為止。將玻璃罐放在滿月的光線將會觸及並賜福給它的戶外或窗台上過夜。早上，沐浴液就可以使用了。如果你不打算立即使用，請將它放入冰箱。為了達到最佳效果，要在二十四小時內使用。

療癒浴

療癒浴歷史悠久，藉由使用一些怪異的原料，很容易基於療癒的目的精心製作自己的儀式浴。這裡有幾種不同的製作方法，請隨意使用任何或所有這些配方，先測試，確保你的皮膚不會因為這些原料而過敏。

全方位神仙美饌浴

在幾種民間魔法傳統和非洲傳統宗教中，運用茂盛地生長在最近自家的草本和植物，製作療癒和保護沐浴液是屢見不鮮的做法。這些可以是栽培植物，甚至是雜草。記得有一次，我正在研究來自古巴的不同傳統賜福浴時，偶然發現了一種被簡單地列為「神仙美饌」（ambrosia）的成分。這事發生在網際網路時代之前，所以在學術圖書館內大量搜尋之後，我找到了一個交叉參照，列出了這種草本有個通用名稱叫「臭草」（stinkweed）。一個人的臭草，顯然是另一個人的仙草。生長在一個人附近的草本，背後包含的哲理是：一個人周圍的土、水、其他元素，提供了當事人提高生活品質需要的所有魔法。建議每個人至少嘗試一次這種類型的沐浴，讓自己調頻對準周圍的神聖能量。

材料：

2杯從你家附近收集到的新鮮草本、雜草、植物

1杯新鮮羅勒

1夸脫泉水
大玻璃罐
一塊粗棉布
10滴檀香油
10滴柯巴脂油（copal oil）
1杯佛羅里達水（商業配方或由本書所列製作方法製成的配方）
1顆白水晶

將上述草本放入玻璃罐中，用泉水完全覆蓋，把蓋子鬆鬆地蓋在玻璃罐上，將玻璃罐放在陽光可以在接下來的二十四至三十六小時觸及和賜福給它的戶外或窗台上。把玻璃罐帶回室內，放在你的工作用祭壇上。用粗棉布將所有草本和植物從水中濾出。然後你可以處置這些草本，最好的地方是在樹林裡的一棵大樹底下做這事。取出剩餘的液體，加入檀香油和柯巴脂油、佛羅里達水、白水晶。這個沐浴液現在可以使用了。七天後，應丟棄任何尚未使用的部分。

苦療浴

在許多非洲傳統宗教中，某些草本被認為是甜的，某些則被認為是苦的。苦味草本據說可以治癒疾病，移除所有不好的氛圍，清除所有障礙。這個配方包含幾種這些植物，以及旨在促進健康的其他植物。在新月期間使用這個沐浴液，有助於療癒。

材料：

¼杯羅勒葉
¼杯鼠尾草葉
¼杯香芹葉
天然布袋
1杯泉水
1杯自來水
1杯聖水
大碗
6滴桉樹油

首先收集好所有材料，放在你的工作用祭壇或神龕上，為的是賜福給所有材料。將羅勒、鼠尾草、香芹葉放入布袋中，在平底深鍋內加熱上述的水，直到水開始徐徐沸騰。離開火源。將布袋放入大碗中，小心翼翼地將熱水倒在上面，因為你正在製作泡製的草藥。加入桉樹油。這個混合液應該用乾淨的天然布料覆蓋並放置過夜。早上，取出草藥袋並丟棄。這個沐浴液現在可以使用了。為了達到最佳效果，請在二十四小時內使用混合液。

情緒療癒浴

也許你正在療癒失落或功能失調的過去，無論如何，這個沐浴法都會幫助你療癒難熬的情緒狀態。水是情緒和轉化的元素，而這個沐浴法直接說明這點。這個沐浴法最好在滿月期間創造，但是在你情緒低落時，要根據需要經常使用，而且要牢記，始終尋求治療抑鬱症的專業幫助和支持，而且要記住，你並不孤單。

材料：

大玻璃罐

1杯泉水
1顆檸檬，切成薄片
一把新鮮的香堇菜花
3滴牛膝草油（hyssop oil）
6滴薰衣草油
6滴佛手柑油
3滴迷迭香油
粗棉布用於過濾
1杯佛羅里達水（商業配方或由本書所列製作方法製成的配方）

收集好所有材料，放在你的工作用祭壇或神龕上。將泉水加入玻璃罐中。接下來加入檸檬片和香堇菜花。現在加入牛膝草、薰衣草、佛手柑、迷迭香油。將罐子鬆鬆地蓋好，然後放在戶外或有陽光的窗台上二十四小時，讓太陽光線有機會加熱和賜福給罐中的混合物。接下來，打開玻璃罐，用粗棉布過濾混合物。加入佛羅里達水。這個混合液現在可以使用了，在接下來的二十一天內使用可以達到最佳效果。

神奇的浴鹽

浴鹽是一種比較悠久的神奇手工藝。與水浴法不同的是，你可以在需要浴鹽時提前做好。由於基底主要是由海鹽構成，因此這類沐浴法最適合用於靈性淨化和移除負面性。我喜歡用精油結合鹽而不是草本，因為這樣可以省去清理或過濾混合物的麻煩，也才不會堵塞排水管。

拯救我海鹽混合液

這種混合液內含油和鹽，旨在向大海的女神們致敬。

材料：
1杯海鹽
大玻璃罐
7滴檀香油
7滴留蘭香油

7滴高良薑油（galangal oil）
7滴沒藥油

將所有必要的材料，放在你的工作用祭壇或神龕上。將海鹽倒入玻璃罐內，接下來加入檀香、留蘭香、高良薑、沒藥油。將玻璃罐的蓋子蓋好，用力搖晃。將玻璃罐放在月亮的光線可以觸及它並賜福給它的地方過夜，它現在可以使用了。將三大匙或以上的混合液加入你的沐浴水中，爬進浴缸裡，然後放鬆，在浸泡期間聚焦在大海的女神們。

大量愛浴鹽

這個吸引愛情和浪漫的傳統配方，最適合在滿月前夕製作，重點應該是吸引可能最好的愛給你。它應該是概括性的，不是針對任何特定的個人。

材料：
1杯喜馬拉雅粉紅色海鹽
大玻璃罐

6滴玫瑰油
6滴橙花油
6滴琥珀油
1小塊月光石

收集好所有材料，放在你的工作用祭壇或神龕上。將海鹽放入玻璃罐內。接著加入玫瑰油、橙花油、琥珀油，一次一種，最後加入月光石，搖勻，將罐子放在月亮的光線可以觸及它並賜福給它的戶外或窗台上過夜，它現在可以使用了。將兩大匙混合液加入滿滿的沐浴水中（將月光石留在玻璃罐內）。使用完整個混合液之後，要拿出那塊月光石，扔進例如河川或溪流等流動的水體中。

完整療癒浴鹽

當你需要療癒時，務必尋求傳統醫療的幫助，單靠魔法永遠無法替代這點。話雖如此，下述浴鹽內含療癒油和鹽，可以幫助你走上健康之路。

材料：
1杯海鹽
大玻璃罐
6滴桉樹油
6滴迷迭香油
6滴薰衣草油
6滴檀香油
3滴柏木油

找好所有材料，放在你的工作用祭壇或神龕上。將海鹽倒入玻璃罐內。然後將桉樹、迷迭香、薰衣草、檀香、柏木油加入罐中，一次一種，每加入一種，便搖勻混合液。將玻璃罐的蓋子蓋好，留在月亮的光線可以觸及它並賜福給它的戶外或窗台上過夜，它現在可以使用了。將三大匙混合物加入滿滿的沐浴水中，在你可以忍受的範圍內，水溫盡可能溫熱。進浴缸內浸泡，聚焦在一直煩擾你的所有疾病，將這些疾病透過你的肌膚浸泡出來，最終沿著水管流掉，要根據需要時常重複這個沐浴。

神聖的地板清洗法

草本地板清洗法，是非洲傳統宗教的中流砥柱。在許多方面，它們就像是遍布你整個住家的儀式浴。利用這些洗滌法，你將能夠在你的空間中，為所有進你家門的人營造正向的氣氛。最好使用專用水桶進行這些地板清洗工作。除非另有說明，否則建議使用氨水、松木等產品或其他傳統清潔產品，對你的空間進行常規的清潔，隨後再採用你的靈性淨化配方。如果你沒有時間用雙手、雙膝跪地的老式好方法清洗地板，你可能希望改而將這些清洗液放入噴霧瓶中，然後以噴霧的方式使用。

保護地板清洗法

身為有靈性的人，保護是你可以完成的最重要工作之一。

成功致勝地板清洗法

在胡毒教和許多非洲傳統宗教的變形宗教中，這是很常見的配方。它的設計是要快速地移除阻礙你前進的所有障礙和困難。隨之而來的往往是某種用來打開通向成功之路的洗滌法。

材料：

4公升泉水
大玻璃碗或搪瓷碗
1小塊征服者約翰根（High John the Conqueror root）
6滴迷迭香油
6滴辣薄荷油
6滴檸檬油
6滴乳香油

將泉水加入碗中，然後加入征服者約翰根以及上述油品。把碗留在戶外或窗台上，讓新月的光線可以賜福給它。早上，當你將它帶入室內時，它已準備好要清洗你的住家和儀式空間。如果還有剩，可以選擇將它保存在一只瓶子裡，直到下一次新月再用完。

當你用完所有的混合液時，把征服者約翰根拿出來，放在十字路口或是兩條或多條道路交會的任何地方，然後頭也不回地轉身離開。

雙重可逆式地板清洗法

如果你覺得周圍有許多負面性，一個合乎邏輯的解決方案是：將那能量送回源頭。雙重可逆式的蠟燭、油、地板清洗劑，在俗稱「聖特利亞教」的「雷格拉路庫米」傳統中是非常受歡迎的。

材料：
3杯泉水
1杯自來水
1杯佛羅里達水
水桶
9滴迷迭香油
9滴芸香油

9滴檀香油
一小把海鹽

收集好所有材料，放在你的儀式空間內，將上述水倒入水桶中。接下來，加入迷迭香、芸香、檀香油，然後加入海鹽。逆時針攪拌，直到混合液充分結合為止。現在可以用它來清洗地板、窗戶、角落、牆壁。如果你睡眠一直有問題，不妨嘗試清洗床底下。全部完成後，將任何尚未使用的混合液沖入馬桶。

藍絲絨地板清洗法

這個配方，旨在使你的整個環境留下和平與保護的氣氛。它就像一張強大的心靈毯，可以覆蓋你的空間。

材料：
4公升泉水
4公升自來水

19公升的水桶
¼杯檸檬汁
¼杯洗衣用上藍劑（laundry bluing，或9顆洗衣用上藍小球）

安排好所有材料，放在你的工作用祭壇上或前方。將上述水倒入水桶中，然後加入檸檬汁和洗衣用上藍劑，攪拌均勻。用這個混合液清洗地板，特別注意角落和門檻。清洗完畢後，將任何剩餘的水處理掉。

療癒地板清洗法

療癒地板清洗法，可用於預防疾病或幫助治癒可能存在的疾病。根據需要經常使用，可以保持你自己和住家健康。

治百病地板清洗法

這是一個偉大的多用途療癒配方，可以用於預防或治療。

材料：

大砂鍋

1夸脫泉水

1杯剛剛磨碎的椰子

1杯迷迭香葉

1杯桉樹葉

9滴檀香油

用來過濾的粗棉布或細棉布

把砂鍋放在爐子上。用中火加熱泉水，直到開始徐徐沸騰。加入椰子、迷迭香葉、桉樹葉、檀香油。把火調小，文火慢煮二十分鐘，然後離開火源。當混合物冷卻了，過濾並丟棄草本和椰子。取出剩餘的液體，加到平時清洗地板的水中。用這樣的混合液徹底清洗門口、地板、窗戶。清洗完畢後，在戶外處理掉任何剩餘的洗滌水。

療癒水地板清洗法

這個製作配方包括許多不同種類的水，可以幫忙精心打造一個療癒空間。可能需要許多努力才能找到所有必要的材料，但是那將會非常值得。隨意在你家的地板上以及你家內外的門窗上使用這個清洗法，它也可以好好清洗淨化你的儀式工具和水晶。

材料：

1杯聖水
1杯泉水
1杯自來水
1杯玫瑰水
1杯海洋水
6滴檀香油
6滴沒藥油
6滴茉莉油

1顆檸檬的皮
大玻璃罐

在大玻璃罐內結合所有原料，搖勻，將玻璃罐置於戶外或窗台上二十四小時，讓太陽和月亮的光線都可以賜福給它並為它增添能量。然後你可以使用這個混合液清潔家中的各個空間，七天內使用。根據需要重複。

精心製作自己的魔法水、洗滌液、沐浴液需要付出個人努力和一些行動。一旦你釐清想要聚焦在哪些部分，就能夠看見這些水的寶藏，如何在你人生的各個領域帶來正向的改變。為了達到最佳效果，你應該在自己身上和周圍環境（例如你的住家、院子、辦公室等等），使用這些水、沐浴液、洗滌液。

10

用於問事、占卜與解夢

占卜和夢境本來就是水汪汪的，它們深沉、難以捉摸，而且神祕。藉由呼喚水的元素力量，我們可以獲得真正的洞見和理解。在夢中，水的顯化方式與在清醒生活中一樣多。可以有河流穿越，可以在瀑布裡跳舞，可以有海洋航行。每一個都告訴我們一些不同的事，描述發生在我們生活中的情境。水也可以用來幫忙理解透過占卜傳來的訊息。例如水井凝視等奠基於水的「凝視占卜」（scrying），像塔羅牌之類以水的意象為特色的工具，以及可以用來預知未來或找到真正的水的探測棒和擺錘。

在將近八千年的整段歷史中，探測棒一直被用來發現事物，尤其是水，那個過程叫做「棍卜」（rhabdomancy），起源並不清楚。不管怎樣，它已經被帝國、政府、軍方成功地用於找到必要的水源。這些棍棒據說象徵埃及法老的權杖，乃至波賽頓的三叉戟，而權力和性慾的陽具崇拜含意也顯而易見。據說莎巴女王、所羅門王、埃及豔后、馬可波羅都曾經用過探測棒。在十九世紀，許多人基於各種目的操練探測術（dowsing）。然而，今天的共同信念，已將探測術歸類為不是奠基於傳統科學的心靈過程。在歷史的某刻某處，探測術變成依附於魔法。在西班牙宗教裁判所（Spanish Inquisition，譯註：一四七八年成立，隸屬於西班牙王室）期間，探測術被認為是「占水術」（water witching），可以判處死刑。天主教會一再譴責探測術，而馬丁．路德則宣布它是彌天大罪。儘管如此，這些方法今天依舊繼續存在。

水在夢境和旅程實作中的象徵意義

有時候，水有訊息要告訴我們。它做到這點的方法之一是：出現在我們的夢境或旅程實作中，幫助我們找到自己的路。顯然，每一個人的夢境都有其個人的意義，但是有一些詮釋象徵意義的通則是可以遵循的。

佛洛伊德在他的《夢的解析》（*Interpretation of Dreams*，一九一三年）中寫了不少關於水的一般性和特定性。一百多年後，其中某些部分似乎有點基本。是的，當然，如果你的毯子在半夜掉落了，你可能會感覺好像正在滑入水中；如果你在現實生活中口渴，你可能會夢見解了這份口渴；或者夢中的水可能只是代表你需要去洗手間。佛洛伊德還斷言，漂浮或游過狹窄通道的夢境，可能代表在子宮內或出生過程。[44] 另外，還有榮格（我個人偏愛佛洛伊德）在他對夢境象徵和原型表述的分析中得到的結論。榮格的人生有一半以上的時間是靠水生活的。他認為，水是「集體無意識」（the collective unconscious）的象徵。榮格將夢中的水與女性能量相呼應。[45]

要特別注意你如何互動，對於存在你夢中的水有何感覺，這可以解開夢的獨特訊息。水與潛力有關，你對這份潛力如何反應可能為你帶來洞見。

湖泊

根據佛教禪宗的說法，湖泊可以象徵靜心和頭腦。一般而言，夢見湖泊代表你的人生，尤其是你的情緒狀態。如果湖面平靜，你正在體驗內在的和平，如果湖是動盪的，可能有某些課題或情緒障礙。

海洋

在許多方面，在夢中看見或靠近海洋可以象徵未知。要注意你在做夢時，聯想到這個地點的感覺；如果感覺是騷動的，而且你感覺到焦慮或恐懼，那麼可能你對於某樣隱藏的東西被發現感到緊張不安。

雨水

夢中的雨水可能表示傷心或悲慟。然而，雨水也暗示豐饒，它可能意謂著新的豐盛和成功進入你的人生。該反問自己的問題是，夢中雨水到底有多強。你被困在極端的暴風雨中嗎？還是那雨只是不著痕跡的背景？

河流

河流可以高低起伏，也可以平靜無波。根據你在夢境空間中面對的是哪一種，訊息

註44：Freud, *Interpretation of Dreams*, 100–244。

註45：Jung, *Dreams*, 145。

可能會有所不同。在許多方面，河流都是運輸路線，在夢中看見一條河流，可能意謂著即將搬家或你即將啟程做某種旅行。如果在夢中，你記得正在跨越一條河，這可能意謂著你正面臨著生命中的挑戰或變遷，你將能夠成功地導航前進。一條河水清澈的河流，可能象徵在你人生中的快樂和滿意，而乾涸的河床，可能意謂著你感到不滿或在某方面被欺騙了。佛洛伊德將河流等同於一個人生命中的父親形相。榮格相信，夢境中的河流，也可以代表永無止境的自我發現之旅，以及與你的天命合而為一。

泉水

夢中的泉水可能象徵新奇和機會。或者，你的膀胱可能有問題。有時候，夢可能是相當字面意義的。

暴風雨

夢見暴風雨，可能意謂著你很難表達自己的情緒，它們也可能意謂著道路上的障礙或延遲。

沼澤

沼澤是介於兩者之間的地方。大多數情況下，沼澤的特點是積水。夢見自己在沼澤中，可能意謂著你被困在目前的情境中。停滯的水也可能表示你的感覺和行為不真誠。

瀑布

夢境中的瀑布，據說代表莫大的喜悅、豐盛、生命力。它們也可能象徵需要休息和再次充電，或許甚至是需要休假。

心靈能量的導管——探測棒

探測棒不只是為了找水，它們對占卜也非常有幫助，它們使你能夠覺察到空氣中的不同能量和氣流。作為心靈能量的導管，它們對某些人非常有效。你可以使用一根或兩根探測棒來占卜。傳統上，探測棒是由榛樹或柳樹的枝條製成，而今天的探測棒常是銅製的。有趣的是，要注意，銅和柳樹都特別與水元素有關聯，這些材料將會允許心靈能量最出色地流動。

對於使用探測棒，我的最佳建議是，先設置你的儀式祭壇或工作區，務必包含代表每一個元素的儀式用品。雙手輕輕地握住探測棒。有時候，開始之前先用力甩甩雙手會有所幫助。接下來，盡最大努力摒除腦海中無關緊要的想法。燒些檀香或其他用於聚焦和靜心的香有助於這點。然後開始大聲說出你的意圖。你可以請求探測棒向你展示——來自他們的「肯定答覆」會是什麼樣子。探測棒可能會聚在一起、比較分開、快速旋轉或保持靜止。密切注意探測棒帶給你的線索。

接下來，請求探測棒向你展示「否定答案」會是什麼樣子。再一次，密切注意它們的運動。當你觀察到這兩種期望不同的狀態時，就準備好要開始了。詢問探測棒，這一次，它們能否為你帶來你的問題的答案。如果答案是否定的，就將探測棒收好，稍後再試。如果答案是肯定的，你可以大聲詢問你的第一個問題。這應該是一個簡單的問題，可以很容易用「是」或「否」回答。

測試成功率的擺錘

也可以用擺錘來探測。如果你剛剛開始，兩種方法都試一試，看看哪一種對你最有效。擺錘和探測棒，都可以用各式各樣的材料製成。很可能你偏愛特定的材料或方法，勝過其他。也可能某些方法對你來說比較成功。剛開始時，建議定期使用它們詢問簡單的問題，例如「我今天會被雨淋到嗎？」用探測工具測試你的成功率。這將幫助你更加了解，當你用這個方法解決比較嚴重的問題時，將會發生什麼事。

蠟與水凝視占卜

水可以符合你將它放入的任何容器的形狀。這使得它非常適合「占卜」和「凝視占卜」（scrying）。凝視占卜是一種占卜，也稱作「窺視」（peeping），它允許頭腦透過形狀和符號看見訊息和資訊。「水凝視占卜」（water scrying）是一種水占術（hydromancy），或是用水占卜。你也可以將祭品投入水中，藉此用水占卜。傳統上認為，如果你的祭品沉入水底，你的願望就會實現。

水可以向我們揭露事物，這個事實在整個歷史和民間傳說都可以見到。就連像巴斯這樣的古老遺址，也被用作與死者和來世溝通的地方。在古希臘，有一座狄蜜特的神殿，在那裡，訪客可以將一面鏡子降低至泉水中，以此確定病人的健康狀況。那面鏡子據說可以顯示那人是生是死。亞里斯多德寫過關於西西里島的一座噴泉，在那裡，訪客將紙條投入水中。如果紙條浮在水面上，紙條上的字句據說就會成真。

在許多方面，實質上和比喻上，水都可以起到鏡子的作用。無論是好是壞，水提供一個映像——雖然是被扭曲的映像。它使我們能夠看見事物，感覺到原本無法接近的事物。在這些映像中，可以看見轉化的魔法。鏡子是門戶，就跟水一樣。人們可以找到通向神祕地方的道路，在那裡，事物並不總是就像它們看起來的樣子。

最容易的水凝視占卜法是，找來一只深色的碗或容器，裝滿水。人們最常用泉水，但請隨意用自來水、海洋水、河水，或你感覺被吸引去使用的不管什麼水都行。用月亮的能量，整夜為你的水增添能量可能會有所幫助。你甚至可以為這個過程購買特殊的黑水，它的深暗顏色，來自死亡的有機物進行生物分解後產生的富里酸（fulvic acid）。它內含額外的礦物質和電解質。歸根結柢，你可以使用許多不同的東西來做凝視占卜。我知道有些人用白開水加入墨水，甚至一位美髮師朋友可以從你的洗髮精泡沫告知未來。

然後，當你準備就緒時，盡力摒除雜念，進入靜心冥想的狀態，凝視著水。有些人偏愛聚焦在碗底，其他人則說訊息來自水面之下。兩種方法都試試，看看哪一種方法最適合你。你看見的象徵符號，可以用與茶葉解讀或夢境詮釋相同的方法來解釋，但是最終由你負責那些圖像在你眼裡意謂著什麼。

如果你很難做到，事先調暗燈光或做些旅程實作可能會有所幫助。不要急於求成，最有價值的嘗試需要時間和努力。無論如何，務必記下你看見的內容，因為其中含義可能不會立即顯而易見，反而可能選擇在未來幾天或幾週逐漸展開。水可以單獨用作凝視占卜或占卜的工具，也可以額外加入蠟乃至金屬一起使用。

紫水晶凝視占卜碗

紫水晶是最常用於心靈力量和連結的寶石之一，這使得它成為自然而然的選擇，可以用在你的水凝視占卜碗中。

材料：

黑色天然織布（最好是絲綢或棉布）

1只黑色或深藍色的小碗，陶瓷或玻璃製都行

4根有燭台的小型白色蠟燭

4滴檀香油
1面小鏡子
1塊小小的紫水晶
1杯泉水或井水
火柴或打火機

準備一個可以進行凝視占卜的特殊地方，首先確保你的區域是乾淨的，然後鋪上黑色天然織布。將碗直接放在布的中央。將蠟燭置於燭台上，按四個方向（分別代表土、風、火、水）各別放好。在每一根蠟燭上滴一滴檀香油。在碗底放上鏡子，然後將紫水晶放在鏡子上。拉上窗簾或闔上遮光板，關掉燈，黑暗有助於這個過程；有些人甚至選擇戴著面紗，幫助預言訊息的傳達。點燃蠟燭。慢慢地將水倒入碗中。現在盡力摒除雜念。你可能希望說一段禱詞、祝福或陳述你的意圖，然後凝視著水。

蠟凝視占卜

人們也用蠟在水中進行占卜，以此獲得答案和洞見。這是另一種類型的凝視占卜，你將從你在蠟中看見的內容取得信息。如果你想要親自嘗試，這裡有幾點基本說明。

材料：
深色的凝視占卜淺碗（玻璃或陶瓷）
1杯水（月亮水、井水、河水，效果都很好）
1根白色的錐狀蠟燭
火柴
紙
防火的碗、菸灰缸或碟子

調暗燈光，拉上室內的窗簾。收集好所有品項，放在你的祭壇或神龕上。將碗放在你的空間的中央。把你的所有問題寫在紙上。當你陳述你的問題或默默地聚焦在問題上時，點燃蠟燭且小心翼翼地將蠟滴入水中（儘量不要讓火焰和蠟燒傷你自己或其他任何東西）。讓蠟燭的蠟滴入水中，直到它開始形成一個或多個形狀，然後熄滅蠟燭，將蠟燭放在防火碟中。接下來，需要花多少時間冥想和研究已經形成的形狀，就花多少時間，將你的印象記錄在那張紙上。如果你想要詢問其他問題，請移除已在水中成形的蠟燭，然後重新開始前述程序。要確保你已經記下所有問題和收到的答覆，然後將所有剩餘的蠟扔進垃圾桶，將剩餘的水倒在戶外的一棵大樹底下。如果你需要更多關於你目前找到的形狀的信息，不妨考慮查閱關於夢境象徵或茶葉解讀的書籍，你在書裡發現的關於信號和形狀的詮釋，將會在過程中對你有所幫助。

茶葉解讀

Tasseomancy，通常稱作「茶葉解讀」（tea leaf reading），是另一種用水與占卜連結的方式。這是一門古老的藝術，起源於中世紀的凝視占卜實務。跟凝視占卜很類似，在喝完茶之後，解讀留在杯裡的殘茶形狀和符號，用以告知未來。這種做法也可以用咖啡來完成，但是比較不流行。為了達到最佳效果，你必須從茶壺和一些散茶開始。茶必須攪拌、浸泡，然後倒入杯中。提問者可以詢問，找出關於某個特定課題的信息，或者只是經由葉子大致了解未來的樣子。喝茶的時候，求道者可以聚焦在水的本質。

在韓略特－若（K. Henriott-Jauw）的《茶與茶葉占卜》（*Tea & Tasseomancy*）中，她談到咕嚕咕嚕地喝茶，寫道：「它像大海的潮流一樣流進我的嘴裡。我想到了海洋以及她與所有海岸的連結。」[46]喝完茶後，將杯子倒過來放在茶托上。然後順時針轉動杯子三遍。拿起杯子——現在你準備好要凝視占卜你在那裡看到的東西了。你看到的任何形狀、圖形或符號都與你的問題有關。你必須盡力敞開你的頭腦，允許知道那些訊息。就跟任何優質的占卜系統一樣，如果你準備好要開始與這個系統合作，就必須練習。實驗不同的混合茶和茶杯，看看哪些提供最有效的結果。

有孔石

有孔石（holey stone）是已被水磨損的岩石，慢慢地形成一個洞。雖然傳統說，你

註[46]：Henriott-Jauw, *Tea & Tasseomancy*, 16。

應該要隨機找到那顆石頭，魔法才能發揮效用，但是有好幾個地方可以找找，那將會提高你的命中率。這些岩石自然而然地出現在英格蘭南部、丹麥、德國、荷蘭、加拿大、美國，甚至是埃及境內。

有孔石又名巫婆石（hag stone）、女巫石（witch stone）、奧丁石（Odin stone）、毒蛇石（adder stone）、仙女石（fairy stone）以及其他名稱，據說它們攜帶特殊的力量。在民間魔法和胡毒教中，它們長期被用於各種情境。

有孔石通常用於魔法，以及與祖先和死者相關的作業中。它們可以用於遠離不想要的能量。你可以在口袋裡放一塊巫婆石、掛一塊在床邊，或塞一塊在門檻底下，藉此遠離不想要的能量。如果你打算長時間使用這類石頭，務必定期用泉水沖洗它們（如果有可能，趁著滿月期間），才能確保它們保有最大效力。你也可以將它們作為祭品留在祖先的祭壇上，以此確保唯有最有助益的死者才能前來利用這個空間。

這些石頭在世界各地都有自己的民間傳說。某些傳統將它們視為進入其他界域的探視器，它們可以用於凝視占卜，要麼單獨使用，要麼放入一碗水中。

這些石頭可以直接佩戴在你個人身上或掛在門口和窗戶上，幫助避開負面性和邪惡之眼。在某些地方，這些甚至被稱作「六角石」（hex stone），可以用來捕捉或捕獲發送給你的任何不祥之物。因此，這種保護魔法不只對人們有用，對家畜等動物、建築物甚至海上面臨危險的船隻也有用。

最著名的有孔石之一是托爾門石（Tolmen Stone），這塊石頭坐落在英格蘭的達特穆爾國家公園（Datmoor National Park），是許多傳說的素材。在凱爾特語中，Tolmen 這個字經過分解，*tol* 的意思是「洞」，而 *maen* 意思是「石頭」。它位於北提因河（North Teign River）的邊緣附近。據說早期的德魯伊僧侶將這塊石頭用於滌罪淨化和水賜福。這塊石頭有一個大約一公尺的開口，凡是穿過它的人據說可以治癒關節炎和痛風等風濕性疾病。不管是否是巧合，英國的這個地區是世界上我最喜愛的地方之一。我有幸在年幼時候體驗過它的魔力，從那時開始，就被迷住了。如果你有機會造訪這裡，我極力推薦它。

在蘇格蘭的奧克尼島上，也有一些著名的有孔石，人稱「奧克尼立石」（Orkney Standing Stones）。在傳統的「扣手」（handfasting，譯註：扣手是傳統的做法，用以定義未經授權的婚禮、訂婚。意指通過握手或聯手兌現承諾）或結婚典禮中，在其中一塊有孔大石前，情侶們伸手穿過石頭互握，宣誓奉獻、愛、忠誠。如果他們違背這些承諾，據說將面臨來自今世和來世的報應。

不只是凱爾特民間傳說以這些有孔的寶藏為特色，在義大利的魔法中據說也具有特殊的意義。在這個地區，這些有孔的寶藏也被視為通往仙靈界的門戶，據說可以吸引仙女們，讓她們遵照你的吩咐。在義大利境內，這些神聖的石頭，據說是黛安娜女神的最愛。

這些令人驚歎的石頭又名「毒蛇石」，這個事實指向有孔石神話的另一部分。有些人相信，這些石頭的孔洞不是水造成的，而是蛇造成的。有傳說表示，這是一條蛇的啃咬造成的，其他人則聲稱，它是一群蛇聯合起來的傑作。後一種理論得到這些岩石的威爾斯蓋爾語（Welsh Gaelic）名稱「Glain Neidr」（有孔的玻璃珠）的進一步支持，它同時意謂著大蛇的石頭、大蛇的玻璃、德魯伊教僧侶的蛋。在重大節日貝爾丹火焰節當天，蛇據說會聚集起來，形成一個中心有洞的球。就連古代歷史學家普林尼（Pliny），在他的《自然史》（*Natural History*）中也提到了這些蛇蛋，他說：

> 德魯伊教僧侶們告訴我們，大蛇發出嘶嘶聲，將這些蛋噴射到空中……而且某個人必須準備好，用斗篷接住它們，以免它們觸及地面；他們還說，他必須立即騎馬逃跑，因為大蛇們肯定會追趕他，直到某條河形成他們之間的障礙為止。他們說，對

其真實性的檢驗是，它漂浮著，抵抗溪流的水流，即使它被鑲嵌在金子裡。但是，由於它是魔術師靈巧狡猾地掩飾他們的騙局的手法，他們假裝這些蛋只能在某個有月亮的日子被拿走；彷彿，它完全取決於人類的意志，可以讓月亮和蛇符合這個操作的時刻。[47]

無論你選擇以哪一種方式使用有孔石，很明顯，它們都深刻且實質地受到創造它們的水影響。這就好像水創造了一個魔法可以發生的門戶。

懸掛式有孔石平安符，在發現有孔石的幾乎每一個地方，有孔石都被用來製作護身符和避邪物。最常見的一種涉及鑰匙的使用。如果你想要為自己製作一個，請見以下說明。傳統上，這是用九顆有孔石完成的，但是如果有必要，你可以少用幾顆。正如我提過的，隨機找到的石頭擁有最大的力量。盡力找到盡可能多的有孔石。英國倫敦的自然史博物館（Natural History Museum）收藏了一個與這很類似且可以追溯到一八〇〇年代的平安符。

註[47]：Pliny (the Elder), *The Natural History of Pliny*, 389。

品項：

1把古董鑰匙

1或多顆有孔石

1杯泉水

1杯海洋水

1碼紅色細繩或絲帶

這項實作最好在戶外或水槽上方完成。首先用左手握住鑰匙和石頭，將泉水和海洋水倒在鑰匙和有孔石上。接下來，在絲帶的頂部做一個環，繫好。然後將絲帶的另一端繞在石頭上，穿過石頭的洞孔至少三次。然後將絲帶打結。如果有其他有孔石，重複這些動作，然後將鑰匙繫在絲帶上並剪掉多餘的絲帶。現在，平安符已經準備好，可以掛在你的門口或窗戶附近，幫助保護和淨化你的家。

有水的水晶陣

水晶陣最近非常流行。你可以使用陣形為你的神聖的水和混合液增添能量，也可以選擇用被水影響的水晶創建水晶陣。

水系水晶陣

如果你喜歡，可以製作一個基本的水晶陣，在靈性上為你的塔羅牌、符文、探測棒或其他占卜工具增添能量。

品項：
- 石英晶體寶石靈藥（quartz crystal gem exlixir）
- 藍色或白色天然織布
- 玻璃燭台
- 藍色小蠟燭

火柴或打火機
占卜工具（塔羅牌、符文、探測棒或類似的東西）
2塊藍色藍晶石柱
2塊藍銅礦

用一些寶石靈藥輕輕擦拭你即將進行工作的空間。用上述織布蓋住空間。將燭台放在織布中央。滴幾滴寶石靈藥在燭台底部，然後將蠟燭放上去，點亮蠟燭。將你的牌卡、符文或其他占卜工具，放在你與蠟燭之間。在布的上面，與蠟燭和你的工具成一直線的地方，放置一塊藍晶石柱。在它的正對面，也就是你前方的布上，放置另一塊藍晶石柱，與另一塊面對面。在布的最左邊和最右邊角落，形成四點十字的地方，放置兩塊藍銅礦。當蠟燭燃燒時，坐在這個空間前方，將你的能量聚焦在你的占卜工具上。如果你喜歡，可以朗誦力量聖歌或真言，待到蠟燭熄滅為止。這事完成後，你的占卜工具重新得到能量加持，準備好再次使用。你可以在感覺需要的時候重複這個陣形。

塔羅牌

雖然我不建議真正弄濕你的套牌，但是在進行不同類型的水占卜魔法時，你可能會在許多方面使用塔羅牌。正如我在第五章概述過的，聖杯牌組，以及其他單張牌（例如月亮牌），對這類元素工作非常重要，而且與水有關聯。以下有幾個例子：

代表你真正欲望的塔羅牌卡，可以用作你的水元素祭壇或神龕的一部分。你可以使用複製品、一張實際的牌或一張舊牌。當我有一副經常使用的套牌時，我時常讓它「退休」，再把牌拆開來這樣使用。

你可以夜間在枕頭底下放置一張重要的聖杯牌，為的是在夢中接收洞見。這張牌可能是你在解讀時一直反覆出現的，或是可以代表你希望在生命中得到的情境。務必準備好筆記本和筆，醒來時就可以記下你得知的訊息。這是一個很讚的定期練習，尤其如果你才剛剛開始與塔羅牌合作。

代表你正在關注的那張塔羅牌的油品和草本，可以被製作成調合香或油。然後你可以塗抹這樣的香或油，調節一整天的能量。在這整本書中，有幾種油品製作配方可以喚起水的能量。我最近整理我的魔法抽屜，發現了一包舊的「聖杯十」（Ten of Cups）

香。燒這種香可以為家庭帶來莫大的喜悅、快樂、成功，相當於這張牌卡代表的所有好處。這個方法也可以用於「聖杯一」、「聖杯二」，或你正在設法連結的任何其他聖杯牌。如果你找不到現成的這些調合香，不妨考慮用玫瑰香或茉莉香代替。

水可以在占卜和夢境中扮演強而有力的角色。它可以讓我們更好地了解自己，以及在整個存在過程中要被通過的複雜情境。當水出現在夢中時，幾乎就像是一個微妙的謎題被呈現給我們的無意識自我。一旦經過解碼，這些訊息可以帶來莫大的洞見，讓人明白在我們清醒生活中是怎麼一回事。用水以及像塔羅牌或探測棒之類的東西占卜，也是同樣的道理。

11

用於愛情、財富與保護能量

真正的水以其最常見的形式，用於幾乎所有類型的魔法。然而，身為元素，水也對應於特定類型的魔法，例如愛、療癒、記憶、祖先等等。我們在本書中看到的許多跨文化神明，也對這些領域有所影響。我談過擁有偉大愛情魔法的奧里莎奧湘和女神阿芙蘿黛蒂，以及除了取水放在祖先祭壇和神龕上之外，在非洲傳統宗教中，祖先們還時常被視為透過水來傳遞訊息。

在本章中，我將與你分享一些我最喜愛且聚焦在不只這些領域的法術和實作。每一個法術和實作中，可能包含或不包含真正的水。請設法留意，魔法的重點，在於敞開你自己迎接最佳的可能性，以及讓自己與你真正的天命連成一氣。要確保你讓自己可以應對這些情境，而不是把自己拴在某一特定的結果上。

愛的魔法

愛可以是難以捉摸的愉悅。從前，當我坐下來為某人做心靈解讀時，我時常會問：「這是關於愛嗎？」根據我的經驗，比起人生的任何其他領域，這是人們最想要了解的主題。許多人因為愛的課題而求助魔法。在許多方面，愛的魔法讓世界運轉起來——我甚至寫了一本關於愛的魔法的著作。

然而，談到法術施作時，執行任何類型的愛情法術，可能都是有問題的。為愛運作執行，並不是像你在大眾傳媒上看到的那樣。大多數情況下，最好全神貫注在你對自己的愛，以及吸引對的伴侶和朋友來到你面前。它的重點並不是要改變或干擾某人的意志，而是關於讓自己與你周遭的愛的力量契合相應。

個人必須在道德上負起責任，主要聚焦在，敞開來迎接對他們來說可能最佳的愛的情境。專注於改變特定的人，很可能造成負面的結果。

夢中情人魔法油

單身或未婚可以使用這個法術，它將會幫助你在夢境空間中看見自己未來的伴侶。

材料：
¼盎司甜杏仁油
小玻璃瓶
3滴百里香油
3滴檀香油
3顆蘋果籽

收集好所有材料，放在你的工作用祭壇或神龕上。將甜杏仁油放入玻璃瓶內，加入百里香油和檀香油，然後加入蘋果籽。蓋上玻璃瓶，然後輕輕地將玻璃瓶拋向空中再接住，這將會神奇且象徵性地將它送進無形的界域並賜福給它。接下來，做一個小小的測試，確保你的皮膚不會對這些油品產生不良的反應。當你準備好要繼續時，只要在準備上床睡覺之前，在你的手腕、腳底、頸背塗上少量的油。務必在床邊放好紙和筆，這樣一醒來就可以記錄你的夢境。根據你在夢境空間中能夠連結的難易度而定，你可能需要重複這個法術二到三次，直至你接收到清晰的視界為止。

愛情灰灰

「灰灰」袋（gris-gris bag，發音為 gree-gree）類似於醫藥袋或「魔力袋」（mojo bag），它可以放在你的口袋裡或身上其他地方，幫忙帶來正向的改變。為了達到最佳效果，請每天隨身攜帶，直到你覺得它的工作已經完成為止。

材料：

- 1茶匙乾燥的紅玫瑰花瓣
- 3滴茉莉油
- 3滴依蘭油
- 小玻璃碗或陶瓷碗
- 攪拌用勺子

1只由天然織品製成的紅色袋子
1小塊薔薇石英晶體

收集好所有材料，放在你的工作用祭壇或神龕上。將玫瑰花瓣和油品放入碗中，順時針方向攪拌，直到每一樣東西都混合均勻。將混合物放入袋中，加入薔薇石英晶體。袋子置於雙手中，快速地來回摩擦，用你的能量為它增添能量。現在這個袋子已經好了，可以放在你的口袋裡，幫助吸引愛來到你面前。

愛情浴

沐浴是一種流行的愛情魔法，誰都可以做。洗個愛情浴，意謂著你能夠讓自己沉浸在草本、油、水，以及其他可以幫助你顯化你的情慾的魔法中。投入這類魔法時，務必謹記道德考量。請把你的焦點指向所有相關人等的至善。這麼一來，無論事情如何展開，才可以確保最佳結果。

百里香愛情浴

這個沐浴法最好在一夜激情之前使用，它將會幫助顯化你最深切的情慾，加強你與伴侶或伴侶們的關係。它將有助於改善氣氛，為愛的連結搭建舞台。

材料：

2杯泉水
2杯自來水
大型平底深鍋
½杯乾燥百里香葉
½杯乾燥玫瑰花瓣
½杯乾燥西番蓮花
粗棉布
大玻璃瓶或玻璃罐

收集好所有材料，在爐子上用中火加熱上述兩種水。當水開始徐徐沸騰時，讓水離開火源，加入乾燥百里香、玫瑰、西番蓮花，靜置一小時或直到混合物冷卻為止。用粗棉布過濾混合物，倒入玻璃瓶或玻璃罐內。在玻璃罐或玻璃瓶裝滿後，記得蓋上蓋子。你可以立即使用這個沐浴液，或是最多保存七天就應該丟棄。

奧湘浴（Oshún Bath）

在非洲傳統宗教中，經常為這位受歡迎的奧里莎洗奧湘浴。她在「雷格拉路庫米」宗教中備受崇敬，在「伊法」教裡以「奧孫」（Osun）之名受到崇敬，而在「坎東布雷」教中則以「奧克森」（Oxum）的名字受到崇敬。奧湘與愛情和財富的連結，使她成為許多人最喜愛的奧里莎，在這些領域遇到困難時，可以求助於她。與奧里莎合作時，我的最佳建議是，始終遵循傳統路線，從合格的老師那裡獲得指引。也就是說，洗奧湘浴可以有助於將自己的個人能量與奧湘奧里莎的能量連成一氣。

材料：

½杯玫瑰水

½杯佛羅里達水

½杯河水
玻璃瓶或玻璃罐
5滴肉桂油
5滴肉荳蔻（nutmeg）油
5滴琥珀油
5滴橙油
5滴依蘭油

將所有材料收集好，放在你的工作用祭壇或神龕上。將上述水倒入玻璃罐內，然後加入上述油品，將玻璃瓶或玻璃罐的蓋子蓋上。播放奧湘的儀式音樂或聖歌，或用你自己選擇的一段祝福，為混合液增添能量。現在混合液準備好了，可以用在沐浴中了。務必在五天內使用。

怡人迪克西愛情浴

這種流行的胡毒配方有許多不同的變形。幾乎就像是南方炎熱的天氣，或是所謂的「迪克西蘭爵士樂」（Dixieland，譯註：又名「熱爵士樂」或「傳統爵士樂」，是相對早期的爵士樂類型，源自於美國路易斯安那州紐奧良），就跟那裡的其他一切一樣，比較煽情、比較甜蜜、比較緩慢。這種混合物使用美國南部的常見植物，為你帶來夢幻般的浪漫愛情連結。記住要聚焦在為你的生命帶來可能最美好的愛情，不要聚焦在某個特定的人。

材料：

1杯泉水

硬陶製或陶瓷製平底深鍋

3大匙乾燥木槿花（hibiscus flower）

過濾用粗棉布

玻璃瓶或玻璃罐

6滴梔子花油

6滴茉莉油

6滴玉蘭油

6滴金銀花油

在平底深鍋中加熱上述泉水。加熱到徐徐沸騰，然後加入木槿花。離開火源，讓混合物完全冷卻。接下來，用粗棉布過濾混合物，將混合液倒入玻璃瓶或玻璃罐內。現在加入梔子花、茉莉、玉蘭花、金銀花油，一次加入一種油，每次加入後便搖勻。為了替這個混合液增添能量，你需要將它埋起來過夜。你可以在你家院子裡做這事，如果有院子的話；否則，找一只大花盆或水桶，將混合液放在底部，用泥土覆蓋好。掩埋十二至二十四小時後，挖出來，把玻璃瓶或玻璃罐清乾淨，這樣就可以使用了。務必在五天內使用該混合液。凡是沒用掉的，都可以倒在戶外的地上，最好倒在一棵大樹的基部。

強力熱情浴

無論愛戀關係處於哪一個階段，保持充滿熱情和感性的能量，對於最終成功至關重要。它允許在深層的物質層面連結，而這個配方將會幫助那些時刻盡可能地熱情滿滿。只要你渴求，就可以經常洗這個澡，你將會對結果大為驚訝。

材料：

小塊薔薇石英

玻璃瓶或玻璃罐
1杯玫瑰水
1杯泉水
6滴依蘭油
6滴廣藿香油
6滴晚香玉油（tuberose oil）
6滴琥珀油
3滴肉桂油

將所有材料收集好，放在你的儀式祭壇或神龕上。將薔薇石英放入玻璃瓶或玻璃罐中。加入上述兩種水，然後加入依蘭、廣藿香、晚香玉、琥珀、肉桂油。將玻璃瓶或玻璃罐蓋好，用力搖晃。然後將它留在你的祭壇或神龕上過夜。如果你有一個水元素或精靈專用的空間，這會是一個留下它的好地方。在祭壇或神龕上過了一夜之後，它就可以使用了。請在三天內使用該混合液，如果三天不到就變得令人不快，則將它丟棄。

可愛的內外在沐浴

這款沐浴中的材料，旨在幫助實現最重要的一種愛，那就是：自愛。這可能聽起來像陳腔濫調，但是所有愛的核心都是以自愛為基礎。如果你不真正知道如何愛自己、敬重自己、欣賞自己，那麼你與他人的互動就會困難許多。這個沐浴法將會幫助你歡喜自己的神性自我（divine self），同時移除掉你的念頭和環境中的負面性和自我懷疑。

材料：

1杯泉水

大玻璃罐

1顆小紫水晶

6滴佛手柑油

6滴茉莉油

6滴乳香油

收集好所有材料，放在你的儀式祭壇或神龕上，將上述水倒入玻璃罐內，然後加入紫水晶以及佛手柑、茉莉、乳香油。搖晃直到混合液結合為止，然後將混合液放在你的祭壇或神龕上過夜。在祭壇或神龕上過了一夜之後，它就可以使用了。下一次沐浴時，就用掉混合液。為了達到最佳效果，請在三天內使用，這期間，混合液的能量還是有效的。當你在浴缸內的時候，聚焦在對你擁有的一切事物心存感激。針對你擁有的喜樂靜心冥想，同時讓所有無關緊要的擔憂和壓力向下沖刷到水管裡。完成後，拿出紫水晶，將它埋在十字路口或兩條或多條道路交會的任何地方轉身，不要回顧。

愛之地板清洗法

在我的住家裡為愛、喜悅、友誼創造地板清洗，是我最喜愛的事情之一。如今的世界可能會令我們疲憊不堪，而運用這些地板清洗法，我可以確保，對所有進入我家的人來說，我的家是一個令人愉悅的地方。

基本的愛之地板清洗法

材料：
1 杯玫瑰水

1杯泉水
大玻璃罐
6滴金銀花油
6滴梔子花油
6滴蓮花油（lotus oil）
6滴洋甘菊油

將所有材料收集好，放在你的儀式祭壇或神龕上。將上述水倒入玻璃罐內，然後加入上述油品。將玻璃罐的蓋子蓋好，搖勻，讓水與油好好結合。將玻璃罐輕輕地拋向空中並接住；這將允許混合液躍入神性的世界。現在混合液可以使用了，將它全部加入一桶溫暖的自來水中，澈底清洗你的空間。

愛我幸福的家地板清洗法

根據需要經常使用這個配方。它幫助你將煩惱留在家門口，確保你的住家散發光芒，成為宛如喜悅的空間。

材料：
6滴雞蛋花油
6滴琥珀油
6滴沒藥油
2杯泉水
1杯雨水
1杯玫瑰水
大玻璃瓶或玻璃罐

將所有材料收集好，再將上述油和水加入玻璃瓶或玻璃罐內，蓋好並用力搖晃。深深地吸氣，然後將你的氣息吐出來，吐到玻璃罐上，用你的能量為它增添能量且賜福給它。現在混合液可以使用了，大量使用，七天後丟棄任何尚未使用的混合液。

浪漫玫瑰地板清洗法

這種混合液最好在上弦月期間製作。滿月前幾天是理想的，因為混合液將會利用這段時間的強大能量，提供令人愉悅的浪漫氛圍。

材料：
1杯玫瑰水
1杯泉水
1杯佛羅里達水
玻璃瓶或玻璃罐
6滴玫瑰油
6滴晚香玉油
6滴梔子花油

將所有材料收集好，放在你的工作用祭壇或神龕上。將上述水倒入玻璃罐或玻璃瓶內，然後加入上述各種油品。蓋好瓶蓋或罐蓋，搖勻，同時聚焦在將浪漫和愛帶入你的生命中。接下來，你要將混合液留在戶外或月亮光線可以觸及它的窗台上過夜。現在你可以用它當作地板清洗劑了，七天後丟棄尚未使用完的混合液。

火熱的夜胡毒地板清洗法

這種清洗法最適合用在臥室內，尤其是你的床底下，它將喚起熱情的愛的氛圍。

材料：

1杯自來水

4公升的泉水，分次用

陶瓷或玻璃平底深鍋

1大匙乾燥廣藿香

1大匙乾燥木槿花

13顆杜松子

天然布袋

3滴依蘭油

3滴薑油

乾淨的水桶

收集好所有材料。將一杯自來水以及一杯泉水加入平底深鍋中，在爐子上用小火加熱。隨著溫度升高，將乾燥的廣藿香、木槿花、杜松子放入布袋內。將布袋放入鍋內水中，徐徐沸騰十分鐘。離開火源。讓混合物完全冷卻。冷卻後，加入依蘭油和薑油。接下來將剩餘的泉水倒入水桶裡。從另外一個水中取出布袋，將裡頭的草本丟棄在大樹底下或你家的堆肥堆中，然後將剩下的水加入水桶裡。現在你可以將它用作地板清洗液，特別注意床底下的區域。如果床底下有地毯，那就將混合液倒入噴霧瓶中，輕輕噴灑。

慈悲法術

慈悲雖然是必要的，但是如今很少被談到。個人可能深陷在自己生活中的日常考驗和磨難，忘記體認到其他人可能正在遭遇的困難。

甜言蜜語法術蜂蜜

以下法術是我最喜歡的法術之一。它幫助你對他人產生慈悲心，友善地對他們說話。讓這個法術顯得與眾不同的一件事情是，它的原意就是可以食用的。

材料：
1茶匙橙花蜂蜜
1撮乾燥薰衣草
小玻璃碗或陶瓷碗

將所有材料在碗中結合。混合均勻，順時針攪拌。每當你需要說出慈悲和善意的話語時，將一根手指伸入混合物中，放少量在你的舌頭上。

鏡子鏡子慈悲施咒法

最需要慈悲和善意對待的就是你自己。這項魔法運作旨在幫助你變得溫柔、有慈悲心、接納你自己。

材料：
一面大到可以看到你整張臉的鏡子
1入白色茶燈蠟燭

1滴茉莉油
1滴檸檬油
1座燭台
1小塊土耳其石

將所有材料收集好，放在你的工作用祭壇或神龕上。將鏡子放在可以看見自己的臉的位置。將上述油品放在茶燈蠟燭上。將茶燈蠟燭放在燭台裡，點燃茶燈蠟燭。現在將土耳其石握在一手中，照著鏡子，說出以下的話：

我給予我自己慈悲與和平的禮物。
恐懼將會消失，負面想法將會止息。
我將沐浴在喜悅至福的平靜中，
而且要善待自己，我一定會做到這點。

重複三遍這些話。熄滅蠟燭，將它丟棄在垃圾桶裡。你現在可以將土耳其石放在口袋裡或枕頭底下過夜。完成這事後，將土耳其石埋入土中。

記憶法術

在許多方面，記憶就像水元素。記憶可以是神祕而難以捉摸的，而且總是讓自己變形，以此回應承載著它的容器。作為人類，比較具挑戰性的事情之一是，年齡愈大，記憶就愈有可能變成一個課題，以下法術將會幫助你改善記憶力。

增強記憶灰灰袋

精心製作這款灰灰或魔力袋，為的是幫助你在最艱難的處境底下記住事情。

材料：
玻璃碗或陶瓷碗
1茶匙迷迭香，乾燥的
1茶匙五指草（five finger grass），乾燥的

1整片月桂葉，乾燥的
1小撮頭髮（你可以剪掉一縷頭髮，也可以用刷子或梳子梳下一些頭髮）
攪拌用勺子
天然布製成的藍色小袋子
1小塊藍銅礦

收集好所有材料，放在你的工作用祭壇或神龕上。把碗放在你的空間的中央，加入上述草本和你的頭髮。用勺子混合均勻，順時針方向攪拌，然後將混合物放入藍色小袋子中。加入藍銅礦。接下來，將袋子放在可以二十四小時得到日月光輝加持的戶外或窗台上，然後就可以使用了。盡可能時常將它放在口袋裡帶著走，幫助實現你的記憶目標。

找到擺錘法術

我的女兒妮婭（Nia）很小的時候，她不是問「你在找什麼？」而是問：「你找到什麼了？」最終，你找到的東西才是有價值的。這個法術將會幫助你為擺錘增添能量，協助你找到丟失的東西。

材料：
1入白色茶燈蠟燭
1座燭台
1滴沒藥油
1條石英晶體擺錘
1大匙咖啡粉
1大匙鼠尾草粉
小玻璃碗或陶瓷碗
攪拌用勺子
3枚硬幣

收集好所有材料，放在你的工作用祭壇或神龕上。將蠟燭放在燭台裡，置於桌子中央。在蠟燭上滴一滴沒藥油，將擺錘放置在你與蠟燭之間的空間，用勺子在碗裡混合咖啡粉和鼠尾草。接下來，用這種混合物在你的擺錘和蠟燭周圍做一個圓圈。點燃蠟燭，將硬幣放在圓圈內。盡力摒除雜念，在蠟燭燃燒的同時將你的能量聚焦在蠟燭上。當蠟燭燒完時，把硬幣收集好，帶到戶外，將它們扔到最近的十字路口，或兩條道路直接交會的地方。轉身，不要回顧。接下來，返回到你的空間，將你的擺錘從圓圈中取出。你現在可以使用它來找到丟失的物品。用你的慣用手握住它，密切注意擺錘指示的方向。這將會指引你找到你正在尋找的不管什麼東西。你可以直接在家中做這事，或是用地圖在更大的區域操作。

療癒法術

在現代醫學和魔法中，水長久以來一直被用於促進療癒。水也與靈性療癒有關聯。以下法術將會幫助改善你身體和住家的健康和療癒。必要時，請尋求專業醫生的意見。請記住，法術永遠替代不了傳統醫學。

療癒秋葵濃湯食譜

Gumbo 是西非字，實際上意思是「秋葵」。秋葵濃湯是紐奧良的標準飲食。這份食譜內含傳統的療癒草本以及秋葵，據說可以賦予身體健康，以及免於負面性的保護。

材料：

½ 杯培根油
1 杯麵粉
1 大顆紅洋蔥，切碎
1 杯芹菜，切碎
3 枚蒜瓣，剁碎
1 大顆青椒，切碎
1 大顆紅椒，切碎
450 公克法式辣薰腸，切丁
6 杯牛肉高湯

6杯蔬菜高湯
½茶匙鹽（加更多鹽調味也行）
½茶匙黑胡椒
1大匙紅糖
2大匙辣醬
1茶匙煙燻紅椒粉
1茶匙克里奧爾綜合調味料（Creole seasoning）
2大匙洋蔥粉
3小片完整的月桂葉
½茶匙新鮮百里香，從莖上拔下來的
1大匙新鮮羅勒，剁碎
1大匙新鮮香芹，剁碎
350公克罐裝燉番茄
170公克番茄醬
2茶匙秋葵濃湯費里粉（gumbo file）

2大匙奶油
4杯秋葵，切片
2大匙白醋
450公克蟹肉塊
1.1公斤生蝦，去殼，去腸線

一開始先調製「奶油炒麵糊」。把培根油放入大型平底深鍋內，小火加熱，一次一些地攪打麵粉。不斷攪拌混合物，持續大約十五分鐘或直到它開始變成濃濃的棕色為止。不要忘記繼續攪拌，因為這種混合物很容易焦掉。離開火源，然後加入洋蔥、芹菜、蒜、青椒和紅椒、香腸。回到小火加熱，文火慢煮約十分鐘，或是一直燉到蔬菜開始變軟。離開爐子，靜置一旁。

接下來，在一只大湯鍋中，用中火加熱牛肉和蔬菜高湯直至沸騰。加入少量麵糊，不斷攪拌。將火調小至徐徐沸騰，加入鹽、黑胡椒、紅糖、辣醬和其餘香料（秋葵濃湯費里粉除外）、燉番茄和番茄醬。煮六十分鐘，偶爾攪拌，然後加入秋葵濃湯費里粉，以及額外的鹽和胡椒調味。

與此同時，在另一只平底鍋中，用奶油煮秋葵十五分鐘，然後瀝乾，加入正在慢燉的湯鍋中。接下來加入白醋，螃蟹、蝦。再煮四十五至六十分鐘。拿掉整片的月桂葉，上桌時淋在熱熱的白米飯上，好好分享。

健康家用撒粉

我喜歡製作撒粉，它們讓你可以將一丁點的魔法送進房間的每一個角落，乃至整棟房子。這個配方包含三種簡單的原料，有助於營造健康和療癒的氛圍。

材料：
1大匙黑鹽
1茶匙肉桂
1茶匙百里香
玻璃或陶瓷碗
攪拌用勺子

在碗裡結合所有原料。用勺子攪拌均勻。現在捏一小撮，然後順時針方向移動，撒進你房間的各個角落。每隔幾週或每當你認為有必要時，就洗掉，再撒一次。

雨和天氣魔法

老實說，天氣魔法是較難執行的類型之一，它涉及干擾大自然的自然防禦、回應、模式。如果你打算這麼做，顯然有道德和實際的顧慮。就像老歌《天降財神》（*Pennies from Heaven*）告訴我們的，如果我們想要陽光，就必須有陣雨。地球的平衡必須維持住。為此，我在這裡囊括了兩種不同的法術：一種用於在必要時允許下雨，另一種用於暫時阻止降雨。

造雨

借你的能量為某個地區帶來雨水，這項實作才是有用的，幫得上忙。此法特別適用於在乾旱或火災的情境中設法協助。

材料：

1朵乾燥的耶利哥薔薇
大玻璃碗
1杯雨水
1杯泉水
3滴薰衣草油
3滴柏木油

將所有材料收集好，放在你的工作用祭壇或神龕上。將耶利哥薔薇置於玻璃碗的中央。當你倒入水和油的同時，觀想水正在進入你正在設法幫忙的地區。將耶利哥薔薇留在碗中三天三夜，隨著水的蒸發，在必要時加入更多的泉水。然後從碗中取出耶利哥薔薇，將它埋在某個水體附近，轉身，不要回顧。

防曬水晶陣法術

這是一個簡單的水晶陣法術，你可以用它來使某個位置暫時免受雨天或其他惡劣天氣的影響。

材料：
1茶匙鹽
4顆紅玉髓
柯巴脂香

在空間的四個角落各放一撮鹽，在四個角落各放一顆紅玉髓在這鹽上。點燃柯巴脂香，逆時針走過這個空間，然後調換，拿著香順時針走一圈。如果香還在燒，請將其放在空間中央的某個耐熱表面上，讓它逐漸燒完。當你完成牽制天氣的需求時，拿走紅玉髓，將它們扔進某個移動的水體中。

跨越法術

通往來世的旅程，以及到達那裡之後出現的旅程，在民間傳說和神話裡往往被描繪成具有在水之下的特性。有句話說，水可以舉起所有的船，在某種程度上它也可以舉起所有的靈魂，把它們帶到需要去的地方。因此，水作為一種元素，與跨越到靈界一直有關聯。以下有一些法術和實作，在面對今生的生命時可以派上用場。

跨越油

死亡很可能是任何人必須面對的最困難挑戰。當某人處於生命的最後階段時，使用這種油可以提供自在和舒適。

材料：

3滴沒藥油
3滴萊姆油
3滴迷迭香油
3滴佛手柑油
1茶匙甜杏仁油
玻璃瓶

將所有材料一起加入玻璃瓶內。雙手摩擦玻璃瓶，為玻璃瓶增添能量，然後將玻璃瓶埋起來過夜。早上就可以使用了。它可以少量用於塗抹蠟燭，或是滴在棉球上，放在生病的人附近。

祖先清明作業

材料：
3滴沒藥油
3滴薰衣草油
3滴檀香油
2杯泉水
玻璃碗

在碗裡結合所有原料。拿一塊乾淨的布，用這種混合液清洗床底下的區域。那天夜裡，把你要給祖先的訊息寫出來，請求找到你正在尋找的東西。幾個例子可能如下：我還不知道但對我很重要的祖先的名字有哪些？我可以在哪裡找到關於我的祖先的必要信息呢？我摯愛的祖先現在希望我知道什麼呢？把你的問題放在枕頭底下。確保附近要有紙和筆，當你醒來時，寫下腦海中的任何姓名或信息。追蹤你發現的信息。

保護浴

保護魔法，是任何人可以為自己和自己的空間完成的最重要事情之一。水時常用於保護魔法。夜晚（白天也一樣）往往是黑暗的，充滿恐怖驚駭。

征服者約翰浴

Ipomoea jalapa 是征服者約翰根的植物學名稱，它起源於墨西哥的哈拉帕（Xalapa），在那裡茁壯成長。征服者約翰根是許多家庭花園中常見的牽牛花的親戚。在胡毒教與南方召喚術中，這個配方通常用於保護，避開敵人和危險。

材料：

1只瓶子或罐子

½杯泉水
¼杯聖水
1小根約翰根，磨碎
6滴香根草油（vetivert oil）
6滴萊姆油
6滴檸檬油
6滴佛手柑油

將所有材料收集好，放在你的工作用祭壇或神龕上。將泉水和聖水裝滿瓶子或罐子，接下來加入磨碎的約翰根以及香根草、萊姆、檸檬、佛手柑油，將罐子或瓶子蓋子蓋好。搖勻，然後雙手迅速摩擦瓶罐，為瓶罐增添能量。現在可以使用了。再次搖晃，將兩大匙混合物加入一整盆浴缸中（如果擔心堵塞浴缸，可先用粗棉布過濾配方）。每晚重複洗這個澡，直到所有的混合液用完為止。

四賊保護浴

這個沐浴法的主要原料是「四賊醋」（Four Thieves Vinegar），也叫「馬賽醋」（Vinegar Marseilles）。幾個世紀以來，這種醋一直是療癒和保護法術的主要成分。甚至有人說，十五世紀時，紅衣主教沃爾西（Cardinal Wolsey）曾經使用它。[48] 最好在下弦月期間製作這個配方，它的能量將有助於移除環境中任何不必要的影響並保護你。

材料：

1 杯泉水
½ 杯蘋果醋
大玻璃罐
3 滴普通鼠尾草油
3 滴薰衣草油
3 滴丁香油
3 滴百里香油

將所有材料收集好，放在你的工作用祭壇上。將泉水和醋倒入玻璃罐內。接下來，加入油。搖勻玻璃罐，讓所有元素結合。然後鬆開蓋子，將混合液放在太陽和月亮的光線可以為它增添能量的戶外或窗台上。留在那裡二十四小時，然後將它帶回室內，再次搖勻。現在可以使用了。為了達到最佳效果，將二至三大匙混合液加入一整盆浴缸中。接下來一週，視需要重複。七天後，丟棄任何尚未使用的混合液。

豐盛清洗法

努力工作是無可替代的，但有時候需要一點點推動，才能使我們的努力既成功又有利可圖。以下是可以幫助你實現這點的法術。

金錢米清洗法

金錢米往往是由胡毒教修行者製作的，為的是吸引金錢和生意。就這個方法而言，

註48：Cooley, *A Cyclopædia*, 773。

你必須先製作好一批金錢米，然後在你的清洗配方中使用它。

材料：
½杯茉莉香米
3滴綠色食用色素
1大匙聖水
1大匙肉桂粉
1大匙鐵屑
1茶匙金色金蔥粉（gold glitter）
碎鈔票
玻璃罐
水桶
1夸脫泉水
6滴柏木油
紙巾

若要製作金錢米，將茉莉香米、食用色素、聖水、肉桂、鐵屑、金色金蔥粉、碎紙鈔、玻璃罐收集好，放在你的工作用祭壇或儀式空間。將聖水和食用色素倒入玻璃罐內。搖勻。接下來，加入茉莉香米，攪拌至結合在一起為止，然後加入肉桂粉、鐵屑、金蔥粉、碎紙鈔。將玻璃罐蓋子蓋好，搖勻。接下來，將米倒出來，鋪在紙巾上，留置在陽光充足的窗戶下，直至完全乾燥為止，這通常需要二十四至四十八小時。現在你可以將米收好，放回罐子裡儲存。

若要施行這個金錢米地板清洗法，拿起水桶，加入泉水。接下來加入柏木油並攪拌，使之結合，現在加入三大匙金錢米，清洗液現在可以使用了。如果你擁有一家企業，務必擦拭你的收銀機，否則，請全神貫注在你的地板和窗戶。

有許多不同的法術，可以為你的生命帶來正向的改變和轉化，這裡的法術可以用作指導方針，幫助你透過水元素醒悟到種種可能性。

12

用於祈福與好運

各個時期的文化，都在典禮和儀式中用水來慶祝季節和時間的流逝。在現代文化中，神奇的「年輪」已經成為指南，代表自從有男人和女人開始，已經發生的季節、節日、慶典的變換。每一個季節和節日都有自己特殊的儀式和典禮，以及它與水元素的關係。每一個時期都有採集、增添能量、製作儀式水的特殊技巧，本章將會詳細介紹。但是首先，我要指出其他三個水儀式和節日傳統，然後分享一個專為貝爾丹火焰節安息日設計的水儀式。

洗禮儀式

水最早的靈性用途之一是洗禮。古代的阿茲特克人，使用一種水洗禮來庇佑新生嬰兒，而在印度錫克教徒的宗教中，有一種稱作「阿姆里特・桑斯卡」（Amrit Sanskar）的洗禮儀式。這主要是年輕人進入成年期的啟蒙儀式。它象徵對錫克教的承諾，而在這個時候，他們被賦予新的名字。這個典禮的一部分是喝糖水，代表謙遜、貞潔、甜蜜。在猶太教的信仰中，皈依猶太教的人被賜予「浸禮」（mikveh），可以滌罪和賜福。

基督教也有精心設計的洗禮儀式，旨在重生、滌罪、保護進入基督教信仰的個人。它據說可以將上帝的恩典直接賦予個人。在海地的巫毒教中，有一種水賜福，叫做「拉維帖特」（Lave Tet）。這個詞的字面意思是「洗頭」，在這個典禮完成後，一個人已被迎入傳統，現在，神聖的力量「羅瓦」認得這人了。類似的典禮發生在「雷格拉路庫米」（又名「聖特利亞」教）之中，叫做「羅加西翁」（Rogaciòn）（「祈禱」之意）。

賜予好運的潑水節

在中國、泰國和柬埔寨，水是潑水節的主要焦點。這個詞在泰語中的意思是「移動」，而這個活動慶祝是在太陽和季節的移動。這個活動的一個顯著特色是潑水，有時候看起來像是巨型打水仗。這些儀式的一部分涉及儀式性的清洗雕像，以及向所有家庭成員、聖人、在前一年可能曾經不被尊重的長輩致歉。

潑的水據說可以庇佑且賜予好運和豐盛。學者程千（Cheng Qian，音譯）曾經追蹤潑水的習俗，回溯到發生在印度境內的印度河沐浴。他說，潑水是為了祈求神明賜予豐盛和成功。[49]這個慶祝活動在四月舉行，那時太陽在白羊座。

奇蹟的索度瀑布

每年七月十四至十六日，成千上萬的巫毒教修行者前往名為「索度」（Saut-d'Eau）的瀑布，做神聖的朝聖之旅，在克雷奧爾語（Kreyol）中，這座瀑布叫做「索多」（Sodo）。索度位於海地太子港北方，強大的沐浴儀式確實是值得一看的景象。一八四三年七月十六日當天，以及一八八一年的同一天，聖母瑪利亞出現在瀑布附近的棕櫚樹。從那時候開始，它便因為是奇蹟的發生地而聞名。[50]那棵樹後來被一位天主教神父移走，企圖壓制那個信念，但徒勞無功。從那時候開始，這個地點一直是尋求療癒、賜福、重新開始的人們的目的地。

安息日的水

巫術有八個安息日或節日，慶祝「年輪」的轉動：

- 貝爾丹火焰節（**Beltane**，五月一日）是繁殖力、新開始、喜悅的時間。
- 夏至利塔節（**Litha**，六月二十一日）是一年中白天最長的日子，歡慶成長和幸福是焦點。
- 豐收節（**Lughnasadh/Lammas**，八月一日當天或前後）傳統上是慶祝第一次收穫、以及希望、恐懼和生命週期（包括死亡）的時間。
- 秋分馬布節（**Mabon**，九月二十一日當天或前後）是慶祝收割完畢。

註㊾：Komlosy, "Procession and Water Splashing," 351-73。

註㊿：Davidson and Gitlitz, *Pilgrimage*, 580。

- 薩溫節（Samhain，十月三十一日）是悼念祖先的日子；對某些人來說，它標示新年的開始。
- 冬至耶魯節（Yule，十二月二十一日）是一年中白天最短的日子，也被視為成長、回春、重生的時間。
- 聖燭節（Candlemas/Imbolc，二月一日和二日）是淨化和滌罪的時間。
- 春分奧斯塔拉節（Ostara，三月二十一日）是平衡和更新的時間。這一天，白天和黑夜的時間等長。

在上述每一個節日的慶祝活動中，水元素都占有特殊的地位。以下是每一個安息日以及它們與水的關係，以及在那些特定時間收集的水如何用於魔法和施咒術。

貝爾丹火焰節的水

貝爾丹火焰節（Beltane Water）是慶祝重振生命和繁殖力。五月期間收集的雨水，據說充滿貝爾丹的能量，帶來成功、生產力、喜悅的額外賜福。貝爾丹的實際日子，據說是收集雨水和晨露的好時機。據說，如果你用這種水洗臉，就可以得到健康和美容的好處。用這種水洗頭，可以賦予來年成功的特殊賜福。貝爾丹是一個能量滿滿且生氣勃勃的時間，我時常施魔法來捕捉它，然後在接下來的一整年好好使用。

夏至利塔節的水

在許多群體中，「利塔節」（Litha Water）據說是與水元素相關聯的安息日。與本節中的其他水一樣，這將被注入時間的精神。利塔節發生在夏至期間，是關於平衡，尤其是水元素與火元素之間的平衡，與水和火兩者相關的祝福出現在這個時候。在紐奧良巫毒宗教中，這個節日與聖約翰前夕相連結，後者發生在大約同一時間，致力於用儀式水祝福和悼念那些之前來過的人們。

豐收節的水

豐收節是一個跨季度的安息日，標明夏至與秋分之間的時間點。傳統上，這是一個向凱爾特男神魯格（Lugh）致敬的節日。它是盡情享用第一批水果和主辦比賽的時候。我已故的朋友，作家阿列克謝．康德拉季耶夫（Alexei Kondratiev）告訴我，他曾經在紐約市參加過豐收節水槍和氣球大戰，作為他慶祝這個安息日的一部分。有些修行者將豐收節視為火與水相遇的時候。雖然這個節日本身並不是由水主導，但你可以找到有創意的方法，將水融入你的慶祝活動中。*lammas* 這個字來自「麵包」的字根。在此期間，按慣例會烤麵包，當然用水作為一種原料，可以與你的靈性家人和社群分享。

秋分馬布節的水

許多方面，秋分馬布節（Mabor Water）是一個不受重視的安息日，它慶祝每年這個時候達成的收穫和平衡。涼爽的空氣和假期即將到來。在這個時候收集的水是另一種收穫。現在是獎勵的時候了，而這種水可以用於你的魔咒和配方之中，幫助你最終獲得你一直非常努力爭取的獎勵。

薩溫節的水

薩溫節是一年中最強大的時間之一，這個世界與來世之間的心靈面紗很薄，幾乎一切皆有可能。十月三十一日之前和之後的日子，是收集水並用月亮和今年這時候的能量為水增添能量的絕佳時機。薩溫節是悼念死者和已逝之人的特殊時刻。我發現在這個時候參觀墓地特別有裨益，包括我的祖先的墓地和離家近的墓地。從那裡的水龍頭收集水同時留下祭品，始終是個好主意。

冬至耶魯節的水

取決於你居住在什麼地方，耶魯節是收集水的絕佳時機，可能甚至是以雪的形式為水增添能量，灌注一年中這個時候的心靈賜福。耶魯節是慶祝冬至，一年中最長的夜晚。對女巫和異教徒來說，這是擁抱黑暗同時為光明的回歸欣喜的時候。基督徒選擇這個時間，慶祝耶誕節和基督的誕生並非巧合。人們經常將假期安排在傳統節慶前後，幫助他們利用慶祝活動賺錢。歷史讓我們看見，耶魯節已經成為團結、家庭、盛宴的時刻。

聖燭節的水

聖燭節是慶祝和感恩壁爐和住家的跨季度安息日，被認為是女神布麗姬的神聖時間。在這個時候收集的水，可以用於療癒和清明的法術與儀式。

春分奧斯塔拉的水

奧斯塔拉（Ostara Water）傳統上在春分期間慶祝，發生在北半球的三月二十日至二十一日左右。在世界的這個部分，這是覺醒的時間，也是平衡的時間，這時候，白天和黑夜等長。在德國境內，這一天有收集奧斯塔拉水（或復活節水）的習俗。傳統上，這種水要在太陽升起之前的凌晨收集。被派去收集水的通常是未婚女子或少女。在前去水井或溪流的路上，她不可以與任何人說話或互動，如果這麼做，賜福就會被玷污。如果她設法完成收集水的工作，然後將水灑在她的愛人身上，據說兩人的婚禮很快就會舉行。此外，這種水據說含有特殊的療癒能量。它被賜給兒童和動物，庇佑和保護他們，而且也被認為對眼睛特別有療效。某些地方也利用這個時候用鮮花和花環裝飾他們的水井。

貝爾丹火焰節的水賜福和更新儀式

貝爾丹火焰節是開始和更新的時間，這個儀式將有助於為某個空間和其中的人賜福及增添能量，可以結合傳統的五朔柱（maypole），也可以單獨完成。最好五個人或更多人一起執行。你將需要有人代表每一個元素，也需要有人帶領這個儀式。

品項：

藍色天然織布
大玻璃碗
大型藍色藍晶石或藍銅礦
1根藍色許願蠟燭
4入藍色茶燈蠟燭
幾座玻璃燭台
火柴或打火機
佛羅里達水
泉水
雨水
聖水

茉莉香
白花（最好是菊花或雛菊）
幾個海貝

將藍色織布放在一張小桌子上，或放在你的儀式空間中央的地面上。將碗放在布的中央。把你的水晶放在碗的前方。在碗的後方，將你的藍色許願蠟燭放在一座燭台上。在北、東、南、西四區各放置一個加了燭台的茶燈蠟燭，將火柴或打火機也放在桌子上。

儀式即將開始，請與會者圍成圈，給每人一個海貝。儀式開始，先演奏波浪鼓、雨棒或吟唱你自己選擇的水系聖歌。儀式領導人點香，說出以下的話：

水構成我們身體的大部分和地球的大部分。
它療癒、賜福、滋養、維持、更新。
水總是尋求水平面，符合它選擇的形狀。
當我們進行這個儀式的時候，

我希望每一個人都聚焦在自己生活中水的力量。
帶著時間賦予我們的新奇和慷慨贈予，
想想前方的挑戰，以及我們將如何超越它們，
尋求經過更新的活力和喜悅。

儀式領導人接著將香放在祭壇上，說出以下句子，而每一區跟著複誦：

水淨化我。
水使我靜止。
水充滿我。
應當稱頌。

代表北區的人點燃北區蠟燭，然後拿起泉水加入碗裡，複誦上述四句。
代表東區的人點燃東區蠟燭，然後拿起雨水加入碗裡，複誦上述四句。
代表南區的人點燃南區蠟燭，然後拿起佛羅里達水加入碗裡，複誦上述四句。

代表西區的人點燃西區蠟燭，然後拿起聖水加入碗裡，複誦上述四句。

接下來，儀式領導人拿起鮮花，將它們浸入碗中。儀式領導人沿順時針方向走，用鮮花將碗中的水輕輕地灑在圓圈內與會者的雙腳上，也灑在他們面前的地面上。儀式領導人和其他與會者複誦上述四句。

繞圓圈的行程完成之後，儀式領導人說道：

在這場儀式開始時，我們都得到一個貝殼。

現在，從北方開始，我希望大家默默地站出來，

將你的貝殼放進碗裡剩下的水中。

這是要象徵我們今天正在經歷的重生和更新。

等每一個人都完成了這件事。然後儀式領導人說道：

這個儀式結束之後，我們會將這些貝殼歸還到水中。有沒有人自願帶它們去到海洋或湖泊？（等待有人自願）我們感謝今天加入我們的所有人，我們感謝地球，最重

要的是，我們感謝水。現在，這與你們可能到過的其他圈子不同。我們不關閉它，我們讓它敞開著；這樣就可以繼續傳達我們全都共享的這段經驗的賜福和慷慨贈予。

應當稱頌。

與會者現在將材料收集好，把剩餘的水倒在戶外的土地上。如果這是五朔柱典禮的一部分，請將它倒出去，倒在五朔柱的基部附近。熄滅蠟燭，把鮮花留在可以自然分解的土地上。

水不僅在我們的日常生活中占有顯著的地位，它在全年的許多神聖節慶和假日中也占據舞台的中心位置。在中國和泰國有潑水節，神聖的潑水和祝福是樂趣之所在。在海地境內的七月中旬，成千上萬的人們來到一座神聖的瀑布和一處被尊崇了一百五十多年的賜福地點。然後有凱爾特人的「年輪」，其中每一個節日都有自己特殊的水和儀式，慶祝季節的神聖轉變。

結語

治癒東西的是鹽水：
汗水、眼淚或大海

——伊莎・丁尼森（Isak Dinesan）51

雖然水不見得可以治療每一樣東西，但它確實可以為許許多多的事物提供解決方案和慰藉。我發現上述這句引文如實地激勵人心，作者是白列森・菲尼克男爵夫人（Baroness Blixen-Finecke）凱倫・克莉斯登絲・丁尼森（Karen Christence Dinesan），筆名伊莎・丁尼森。儘管我畢生住在湖泊、河川、溪流、海洋附近，但是在撰寫和研究這本水系著作期間，我還是學到相當多。《水系魔法》已經幫助我以許多不同的方式看見和體驗到水，而我希望它為你達到同樣的效果。水一直提醒我，可能有喜悅的眼淚以及悲傷的眼淚。有沐浴可以卸下驚恐，帶來驚人的難以置信。那些可能性是無限的，因為水的特性是無限的。

水在我們身邊，它在我們的身體內和環境中，幫助我們以各種方式存活下去且茁壯成長。接觸各種令人驚歎的神聖之水，是你可以做到最有靈性的事情之一。這本書已經全面介紹了水的所有大、小顯化形式。

透過本書記錄的聖域——尼加拉大瀑布、奧孫河、南尼女王的大鍋等等——你可以直接探索水。這些遺址呈現當地的特色，也呈現在那裡禮拜的神奇人們的特性。如果你足夠幸運，你將能夠或近或遠地體驗到這些遺址。然而，即使現在不可能，你也會知道神聖的水就跟你自家的水龍頭一樣近。當你清洗雙手或注滿浴缸且沉浸在水的愉悅中，要好好感受它。雖然人體大約六〇%是水，但我們的大腦和心臟中的水卻超過七〇%。水不只是在我們身邊，它在我們體內，在最基本的各個層面。

水作為元素，代表你的情緒、你的希望、你的真實視界。它占據靈感與轉化之間的空間，那是其他元素辦不到的。我們可以運用這種能量順流而行，探索自己的神性天命的層次。你的未來可能會有起伏的時候，但是有了這裡的草本、水晶、法術、儀式建

註51：Dinesen, *Seven Gothic Tales*, 39。

言，你一定能夠平順地駕馭所有這一切。

希望本書激勵你可以盡力而為，幫助努力保存和保護水資源。全世界許許多多的水域正在被污染且光彩盡失，而體認到水的魔法的一部分等於是領悟到，它們也遇到了麻煩，需要我們幫忙。

願你擁有最美好的水的賜福！

隨你走哪一條路，十之八九都會把你引向一座溪谷，令你站在一條溪流的深潭邊。潭裡有魔法。讓最心不在焉的人們陷入最深邃的遐想中——那人雙腿站立，邁開雙腳前行，他必然領你來到水邊……是的，眾所周知，靜心與水始終結合在一起。

——赫爾曼．梅爾維爾（Herman Melville）
《白鯨記》（*Moby Dick*）

致謝

非常感謝且深愛之女祭司米莉安・查馬尼（Miriam Chamani）、格羅絲・曼波・波妮・德芙林（Gros Mambo Bonnie Devlin）、歐春・歐路卡莉・阿拉耶（Ochun Olukari Al'aye）、歐格貝・迪（Ogbe Di）、妮婭・朵西（Nia Dorsey）與艾莉婭・朵西（Aria Dorsey）、葛莉絲・巴特博（Grace Buterbaugh）、愛麗絲・利卡托（Alice Licato）、普魯迪・朵西（Prudy Dorsey）、伊蒂絲・利卡托（Edith Licato）、艾弗烈・利卡托（Alfred Licato）、蘇珊（Susan）、克里斯欽（Christian）、希歐娜（Siona）、米克勒（Michele）、文森（Vincent）、維多莉亞（Victoria）、蒂什（Tish）、梅爾（Mel）、朵特（Dot）、格倫（Glenn）、馬克（Mark）、阿曼妲（Amanda）、克莉絲汀娜（Christina）、溫達菲爾（Windafire）、特赫龍（Tehron）、雷克斯・佩爾格（Lex Pelger）、因迪歌（Indigo）、艾咪（Emi）、蕾諾拉・斯百瑟（Lennora Spicer）、芮貝卡・斯比里特（Rebeca Spirit）、布魯斯・貝克（Bruce Baker）、山姆・維斯尼克（Sam Visnic）和以斯拉・維斯尼克（Ezra Visnic）、利亞姆・納多（Liam Nadeau）、菲妮

克絲・普里索（Phoenyx Precil）、絲嘉麗・普里索（Scarlett Precil）、莉娃・妮莉・普里索（Riva Nyri Precil）、貝拉薇雅（Bellavia）、凱恩・米賽利（Cayne Miceli）、小露娜（Little Luna）、班恩・維斯頓（Ben Wisdom）、凱西・柯倫（Casey Coren）、荷赫・羅貝茲（Jorge Lopez）、菲倪克絲・柯芬–威廉斯（Phoenix Coffin-Williams）、黛博拉・馬丁（Deborah J. Martin）、妃特・曼恩・蒂伊（Phat Man Dee）、米蓋爾・薩格（Miguel Sague）、愛麗森・艾格斯頓（Alyson G. Eggleston）、蘇・伊利（Sue Ely）、瑪麗・卡佩羅（Mary Cappello）、克蕾奧米莉・哈里斯（Cleomili Harris）、胡利歐・吉恩（Julio Jean）、傑森・曼基（Jason Mankey）、麗希・特里勃（Lisi Tribble）、喬伊・韋德梅迪克（Joy Wedmedyk）、森恩・埃利亞斯（Sen Elias）、麗莎・夏普（Risa Sharpe）、艾迪生・史密斯（Addison Smith）、路易斯・馬蒂尼（Louis Martinie）、海瑟・基倫（Heather Killen）、亞瑟・利普–博內維茨（Arthur Lipp-Bonewits）、傑森・溫斯雷德（Jason Winslade）、史賓賽・亞當斯（Spencer Adams）、湯姆・施奈德（Tom Schneider）、弗里基・道頓（Freakee Dalton）、戴蒙・布雷德利（Damon Bradley）、克里斯・卡利（Chris Cary）、米克爾・斯克里布納（Mychael Scribner）、凱文・佩爾林（Kevin Pelrine）、德文・韓特（Devin Hunter）、德文・佩森（Devin Person）、約翰・

德賴弗（John Driver）、瑪歌特・艾德勒（Margot Adler）、弗蘭希絲・丹尼（Frances Denny）、克里斯蒂娜・埃斯特拉斯－歐提茲（Cristina Esteras-Ortiz）、海瑟・葛林（Heather Greene）、布魯斯・「桑皮」・巴尼斯（Bruce 'Sunpie' Barnes）、巫醫烏圖（Witchdoctor Utu）、龍儀式鼓手（Dragon Ritual Drummers）、約翰博士（Dr. John，又名麥克・瑞本納克〔Mac Rebennack〕），以及我敬愛的所有祖先們。你們一直愛我、支持我、拯救我，次數一定多過你們所知道的；我的心永遠屬於你們。

附錄：水系魔法關鍵字綜合對照表

關鍵字	愛、情緒、記憶、感覺
方向	西方
季節	秋天
一天中的時間	傍晚
星座	巨蟹、天蠍、雙魚
行星	月亮、金星、海王星、冥王星
塔羅牌	聖杯牌組、死神、節制、星星、月亮、審判

脈輪	本我輪、心輪
工具	聖杯、大鍋、杯、碗
香	玫瑰、梔子花、桉樹、茉莉、鼠尾草
元素精靈	水女神昂丁（undine）們、美人魚
顏色	藍、銀、堇菜紫
寶石	海藍寶、星光藍寶石（詳見第七章）
植物	愛水的植物、玫瑰、洋甘菊（詳見第六章）
樹木	楊柳、蘋果樹、白蠟樹、棕櫚、月桂樹、柏樹、桃樹
自然地物	貝殼、珍珠、珊瑚、水、血
動物	所有水居動物（詳見第八章）
神明	努特、奧湘、艾吉莉、阿芙蘿黛蒂、愛希絲（詳見第三章）
五感	味覺
象徵符號	波浪以及雙魚、天蠍、或巨蟹的星座符號
盧恩符文	拉古茲（Laguz，「水」或「湖」之意）
大天使	拉斐爾（Raphael）
魔法功課	勇敢於

參考書目

Abimbola, Wande. *Ifa Will Mend Our Broken World.* Roxbury, MA: AIM Books, 1997.

Alexander, Skye. *Find Your Goddess.* Avon, MA: Adams Media, 2018.

Amao, Albert. *Healing Without Medicine.* Wheaton, IL: Quest Books, 2014.

Austern, Linda, and Inna Naroditskaya, eds. *Music of the Sirens.* Bloomington, IN: Indiana University Press, 2006.

Banse, Karl. "Mermaids: Their Biology, Culture, and Demise." *Limnology and Oceanography* 35, no. 1 (1990): 148–53, www.jstor.org/stable/2837348.

Barakat, Robert A. "Wailing Women of Folklore." *The Journal of American Folklore* 82, no. 325 (1969): 270–272.

Bartlett, Sarah. *The Key to Crystals: From Healing to Divination—Advice and Exercises to Unlock Your Mystical Potential.* Beverly, MA: Fair Winds Press, 2015.

Barringer, Judith M. "Europa and the Nereids: Wedding or Funeral?" *American Journal of Archaeology* 95, no. 4 (1991): 657–667.

Bedau, Mark A., and Carol E. Cleland. *The Nature of Life: Classical and Contemporary Perspectives from Philosophy and Science.* Cambridge: Cambridge University Press, 2010.

Berlin, Andrea M. "The Archaeology of Ritual: The Sanctuary of Pan at Banias/Caesarea Philippi." *Bulletin of the American Schools of Oriental Research*, no. 315 (1999): 27–45.

Bethard, Wayne. *Lotions, Potions, and Deadly Elixirs: Frontier Medicine in America.* Lanham, MD: Taylor Trade Publishers, 2004.

Bierlein, J. F. *Parallel Myths.* New York: Ballantine Wellspring, 2010.

Blavatsky, H. P. *The Secret Doctrine.* London: The Theosophical Society, 1893.

Boffey, Phillip M. "Chessie Back in the Swim Again." *New York Times*, September 4, 1984, https://www.nytimes.com/1984/09/04/us/chessie-back-in-the-swim-again.html.

Bradley, Ian. *Water: A Spiritual History*. London: Bloomsbury Publishing, 2012.

Budge, Sir Ernest Alfred Wallis. *The Book of the Dead: Translation.* London: Kegan Paul, Trench, Trubner & Co. Ltd., 1898.

Burl, A. *The Stone Circles of the British Isles.* London, England: Yale University Press, 1976.

Buxton, Richard. *Imaginary Greece: The Contexts of Mythology.* Cambridge: Cambridge University Press, 1994.

Chamberlain, Gary. "From Holy Water to Holy Waters." *Water Resources IMPACT* 14, no. 2 (2012): 6–9.

Cooley, Arnold James. *A Cyclopædia of Practical Receipts and Collateral Information in the Arts, Manufacturers, and Trades, including Medicine, Pharmacy, and Domestic Economy.* London: John Churchill, 1845.

Davidson, Linda Kay, and David M. Gitlitz. *Pilgrimage: From the Ganges to Graceland—An Encyclopedia.* Santa Barbara, CA: ABC-CLIO, 2002.

Deren, Maya. *Divine Horseman*. London, New York: Thames and Hudson, 1953.

De Veer, Henrietta. "Myth Sequences from the 'Kojiki': A Structural Study." *Japanese Journal of Religious Studies* 3, no. 2/3 (1976): 175–214, www.jstor.org/stable/30233106.

Dinesen, Isak. *Seven Gothic Tales, Introduction by Dorothy Canfield, Short Story: The Deluge at Norderney*. New York: Harrison Smith and Robert Haas, 1934.

Dorsey, Lilith. *The African-American Ritual Cookbook*. Self-published, 1998.

———. *Love Magic: Over 250 Spells and Potions for Getting It, Keeping It, and Making It Last*. Newburyport, MA: Weiser, 2016.

———. *Voodoo and Afro-Caribbean Paganism*. New York: Citadel, 2005.

Douglas, Kenneth. *DNA Nanoscience: From Prebiotic Origins to Emerging Nanotechnology*. Boca Raton, FL: CRC Press, 2017.

Drewal, Henry John. *Mami Wata: Arts for Water Spirits in Africa and Its Diaspora*. Los Angeles: Fowler Museum at UCLA, 2008.

Dunham, Katherine. *Dances of Haiti*. Los Angeles: University of California Center for Afro-American Studies, 1983.

———. *Island Possessed*. Garden City, NY: Doubleday, 1969.

Dušanić, Slobodan. "Plato's Atlantis." *L'Antiquité Classique* 51 (1982): 25–52.

Eason, Cassandra. *Fabulous Creatures, Mythical Monsters, and Animal Power Symbols: A Handbook*. Westport, CT: Greenwood Press, 2007.

Eiichirô, Ishida. "The 'Kappa' Legend: A Comparative Ethnological Study on the Japanese Water-Spirit 'Kappa' and Its Habit of Trying to Lure Horses into the Water." *Folklore Studies* 9 (1950): i–11.

Eliade, Mircea. *The Sacred and the Profane: The Nature of Religion.* San Diego, CA: Harvest Books, 1968.

Finkel, Irving. *The Ark Before the Flood.* New York: Doubleday, 2014.

Freud, Sigmund. *Interpretation of Dreams.* New York: Macmillian and Company, 1913.

Garry, Jane, and Hasan El-Shamy, eds. *Archetypes and Motifs in Folklore and Literature: A Handbook.* New York: Routledge Press, 2004.

Gifford, Jane. *The Wisdom of Trees.* New York: Sterling, 2006.

Hall, Linda B. "Visions of the Feminine: The Dual Goddesses of Ancient Mexico." *Southwest Review* 63, no. 2 (1978): 133–142.

Henriott-Jauw, K. *Tea & Tasseomancy.* Self-published, 2016.

Hines-Stephens, Sarah. *The Little Mermaid and Other Stories.* Retold from Hans Christian Andersen. New York: Scholastic, 2002.

Jung, C. G. *Dreams.* London: Routledge, 2002.

King, Leonard W. *Enuma Elish: The Seven Tablets of Creation.* New York: Cosimo, 2007, LXXII.

Komlosy, Anouska. "Procession and Water Splashing: Expressions of Locality and Nationality during Dai New Year in Xishuangbanna." *The Journal of the Royal Anthropological Institute* 10, no. 2 (2004): 351–73, www.jstor.org/stable/3804155.

Kramer, Samuel Noah. "Enki and His Inferiority Complex." *Orientalia* 39, no. 1 (1970): 103–110.

Link, Margaret Schevill. "From the Desk of Washington Matthews." *The Journal of American Folklore* 73, no. 290 (1960): 317–325.

Martin, W., J. Baross, and D. Kelley, et al. "Hydrothermal Vents and the Origin of Life." *Nat Rev Microbiol* 6, 805–814 (2008), doi:10.1038/nrmicro1991.

Maxwell-Hyslop, K. R. "The Goddess Nanše: An Attempt to Identify Her Representation." *Iraq* 54 (1992): 79–82, doi:10.2307/4200355.

McDaniel, Lorna. "The Flying Africans: Extent and Strength of the Myth in the Americas." *Nieuwe West-Indische Gids/New West Indian Guide* 64, no. 1/2 (1990): 28–40.

Melville, Herman. *Moby Dick*. New Bedford: Spinner, 2002.

Mickaharic, Draja. *A Century of Spells.* San Francisco: Red Wheel/Weiser, 1990.

Miller, Tracy G. "Water Sprites and Ancestor Spirits: Reading the Architecture of Jinci." *The Art Bulletin* 86, no. 1 (2004): 6–30.

Mojsov, Bojana. *Osiris: Death and Afterlife of a God.* Hoboken, NJ: Wiley-Blackwell, 2005.

Mortensen, Finn Hauberg. "The Little Mermaid: Icon and Disney-fication." *Scandinavian Studies* 80, no. 4 (2008): 437–54, www.jstor.org/stable/40920822.

Mustard, Wilfred P. "Siren-Mermaid." *Modern Language Notes* 23, no. 1 (1908): 21–24, doi:10.2307/2916861.

Nevadomsky, Joseph, and Norma Rosen. "The Initiation of a Priestess: Performance and Imagery in Olokun Ritual." TDR 32, no. 2 (1988): 186–207.

Newton, Michael. *Hidden Animals: A Field Guide to Batsquatch, Chupacabra, and Other Elusive Creatures.* Santa Barbara: Greenwood Press, 2009.

Nichols, Sallie. *Jung and Tarot*. San Francisco: Red Wheel/Weiser, 1984.

Parker, Hershel. *Herman Melville: 1819–1851*. Baltimore: John Hopkins University Press, 1996.

Pliny the Elder. *The Natural History of Pliny, Volume* 5. London: Henry G. Bohn, 1856.

Regan, Kelly. *Field Guide to Dreams.* Philadelphia, PA: Quirk Books, 2006.

Ruitenbeek, Klaas. "Mazu, the Patroness of Sailors, in Chinese Pictorial Art." *Artibus Asiae* 58, no. 3/4 (1999): 281–329.

Scales, Helen. *Poseidon's Steed: The Story of Seahorses, From Myth to Reality.* New York, NY: Penguin Books, 2009.

Simpson, Alicia C. "4 Things That Can Decrease Your Milk Supply," *Parents*, accessed December 24, 2019, https://www.parents.com/baby/breastfeeding/basics/things-that-can-decrease-milk-supply/.

Stevenson, Robert Louis. *Ballads.* Aukland: The Floating Press, 2009.

St. Teresa of Avila. *The Interior Castle*. New York: Benziger Brothers, 1914.

Soyinka, Wole. *Myth, Literature, and the African World.* Cambridge: Cambridge University Press, 1976.

Stein, Diane. *Pendulums and the Light : Communication with the Goddess.* Berkeley, CA: Crossing Press, 2004.

Tollefson, Kenneth D., and Martin L. Abbott. "From Fish Weir to Waterfall." *American Indian Quarterly* 17, no. 2 (1993): 209–225.

Vajpeyi, Raghavendra. "Varuna Hymns and the Origin of Monarchy." *Proceedings of the Indian History Congress* 33 (1971): 50–57.

Valerio, Valeri. *Kingship and Sacrifice: Ritual and Society in Ancient Hawaii.* Chicago: University of Chicago Press, 1985.

Verner, Gary R. *Sacred Wells: A Study in the History, Meaning, and Mythology of Holy Wells & Waters.* New York: Algora, 2009.

Vickery, Roy. "Lemna Minor and Jenny Greenteeth." *Folklore* 94, no. 2 (1983): 247–50, www.jstor.org/stable/1260499.

Warner, C. D. et al., comp. *The Library of the World's Best Literature. An Anthology in Thirty Volumes.* 1917. https://www.bartleby.com/library/prose/713.html.

Waugh, Arthur. "The Folklore of the Merfolk." *Folklore* 71, no. 2 (1960): 73–84.

Webster, William Frederick, Edward B. (Edward Byles) Cowell, and H. H. (Horace Hayman) Wilson. *Rig-Veda-Sanhitá: A Collection of Ancient Hindu Hymns, Volume 1.* London: N. Trübner and Company, 1866.

Woods, Mecca. *Astrology for Happiness and Success.* Avon, MA: Adams Media, 2018.

在恩典的狀態下，靈魂像一口清澈的水井，
從中流出的只是最清澈晶瑩的溪流。

——亞維拉的德蘭（St. Teresa of Avila）

國家圖書館出版品預行編目（CIP）資料

水系魔法【自然元素魔法系列 1】：關於愛、療癒、豐盛的魔法 / 莉莉絲．朵西（Lilith Dorsey）著；非語譯 . -- 初版 . -- 臺北市：橡實文化出版：大雁出版基地發行，2022.010
面；　公分
譯自：Water magic
ISBN 978-626-7085-00-4（平裝）

1. 巫術　2. 水

295　　110018592

BC1102

水系魔法【自然元素魔法系列 1】：關於愛、療癒、豐盛的魔法

Water Magic: Elements of Witchcraft Book 1

本書內容僅供個人療癒輔助參考之用，無法取代正統醫學療程或專業醫師之建議與診斷。如果您對健康狀況有所疑慮，請諮詢專業醫事者的協助。

作　　者　莉莉絲．朵西（Lilith Dorsey）
譯　　者　非語
責任編輯　田哲榮
協力編輯　朗慧
封面設計　斐類設計
內頁構成　歐陽碧智
校　　對　吳小微

發 行 人　蘇拾平
總 編 輯　于芝峰
副總編輯　田哲榮
業務發行　王綬晨、邱紹溢
行銷企劃　陳詩婷
出　　版　橡實文化 ACORN Publishing
地址：10544 臺北市松山區復興北路 333 號 11 樓之 4
電話：02-2718-2001　傳眞：02-2719-1308
網址：www.acornbooks.com.tw
E-mail 信箱：acorn@andbooks.com.tw
發　　行　大雁出版基地
地址：10544 臺北市松山區復興北路 333 號 11 樓之 4
電話：02-2718-2001　傳眞：02-2718-1258
讀者傳眞服務：02-2718-1258
讀者服務信箱：andbooks@andbooks.com.tw
劃撥帳號：19983379　戶名：大雁文化事業股份有限公司

印　　刷　中原造像股份有限公司
初版一刷　2022 年 1 月
定　　價　480 元
I S B N　978-626-7085-00-4